교실에서
시대를 보다

교실에서
시대를 보다

2021년 8월 26일 초판 발행

지은이 정일선
펴낸이 정사철
편집인 고대웅
표지디자인 장윤주
내지디자인 서다운
발행처 (사)기독대학인회 출판부(ESP)
서울시 도봉구 도봉로116길 41-4
02)989-3476~7 | esfpress@hanmail.net

ISBN 978-89-89108-77-1 03230

기독대학인회(ESF: Evangelical Student Fellowship)는 사도행전 1장 8절에 근거하여
캠퍼스복음화를 통한 성서한국, 세계선교를 주요목표로 삼고 있는 대학생 선교단체입니다. **www.esf21.com**

ESP(Evangelical Student Fellowship Press)는 기독대학인회(ESF)의 출판부입니다.
기독대학인회 출판부(ESP)는 다음과 같은 마음을 품고 기도하면서 일하고 있습니다.
첫째, 청년 대학생은 이 시대의 희망입니다. 둘째, 하나님 말씀인 성경을 사랑합니다.
셋째, 문서사역을 통하여 성경적 세계관을 정립해 나갑니다. 넷째, 문서선교를 통하여 총체적 선교에 도움을 주고자 합니다.

교사, 예수를 만나다.

내가 만든 거짓을 벗고
복음의 실체를 만나다.

교육의 허울을 벗어나
교육의 실체를 만나다.

현실에 절망하느니
절실함을 만나다.

나를 벗고 나를 만난다.

이 책 전반부는 저자의 청년 교사 시절, 깨어있는 크리스천의 고뇌와 간절한 염원이 담겨있다. 90년대 한국 사회를 떠들썩하게 했던 사건들 속에서, 한 해 한 해를 소중하게 맞이하고자 하는 바람 속에는 이 땅에 진정한 정의와 공의를 실현하는데 교회 공동체가 제 역할을 다하여 문제 해결의 주체가 되기를 갈망하고 있다. 무엇보다도 저자의 시대에 대한 고민과 공동체 중심의 통찰력은, 오늘날 개인주의와 집단이기주의가 팽배한 상황에서 문제 해결의 중요한 시금석으로 꼭 필요하다. 주제 하나하나가 마치 우리 시대의 단면을 엿보고 쓴 것 같아 그 혜안에 저절로 감탄을 하였다.

저자는 크리스천 교사로 소명을 잘 감당하고 명예로운 정년을 맞이하였다. 믿음과 사랑 그리고 희망의 기독교 정신으로 무장하고 학생들을 교육하였기에, 책 후반부의 그의 글들은 마음에 잔잔한 감동을 준다. 저자의 인품과 그분의 삶을 생각하면서 이 글들을 음미하다 보면, 어느 순간에 저자가 교육의 현장에서 왜 이 글을 썼는지, 그 깊은 의미를 공감하게 된다.

바쁜 일상 중에도 교육에 대한 열정으로 연구하고, 강연하고, 글쓰기를 계속하였기에 오늘 이 아름답고 유익한 글을 마주하는 기쁨을 얻었다. 코로나로 인해 컬컬하고 답답한 우리들의 마음이 저자의 시대적 요구에 대한 반응 그리고 삶의 궤적을 이 책과 함께 걸어보기를 추천한다. 분명히 한여름 폭염의 갈증을 해소하는 상쾌한 청량제와 같은 희망의 메시지를 경험할 것이다.

우연한 기회에 숭일고등학교를 방문하여 정일선 선생님을 만났다. 1학년 2반 교실로 와서 수업을 참관해 보라고 하였다. 수업내용은 '고전을 알자!'였다. 수업 분위기는 좋았다. 과목 특성상 고리타분할 줄 알았는데, 의외로 여학생들이 발표도 잘하고 웃음이 끊어지지 않았다.

학생들에게 고전은 쉬운 것이라고 가르쳤다. 아이들이 부러웠다. 그런 선생님 밑에서 배우는 것이 축복이라 생각하였다. 말년의 선생님임에도 불구하고, 교육에 대한 열정이 살아 있어 아이들과 공감하는 모습이 감동 그 자체였다.

학창 시절과 직장 생활에서 아쉬움이 있다면 존경할 만한 스승이 없다는 것이다. 나는 참 안타까운 인생이었다. 그런데 정일선 선생님을 만나게 되어 정말 행복하였다. 참된 스승을 두는 것은 내게 큰 복이다. 정일선 선생님의 책을 만나는 것은 내게 또 다른 축복이다. 이 축복을 많은 사람들과 나누고 싶다.

제 이야기를 조금 할게요. 신학으로 부르시고 사역자로 교회를 섬기면서 지금까지 하나님께서 제 안에 주신 부르심의 사명은 교회를 통해 다음 세대들이 양육되어야 한다는 것입니다. 2005년에 광주서현교회에 부임하여 교회 90년사를 읽으면서, 거기에 1937년 일제에 의해 강제 폐교된 '배영학교'가 교회의 못자리였음을 아는 순간 제 가슴은 쿵쾅거

렸습니다. 교회를 향하여 하나님이 제게 주신 마음은 분명했습니다. 서현교회는 다음 세대의 사명이 있는 교회라고 확신했습니다. 그런데, 지금까지 내어놓은 것이 없어 하나님 앞에 송구합니다. 그래도 가슴앓이를 하며 '서현월드리더스쿨'과 '배영미래학교'를 통해 희미한 꿈을 이어올 수 있었던 것은 정일선 장로님을 통한 하나님의 일하셨음임을 고백합니다.

정일선 장로님의 책을 서현화순수련원에서 또박또박 읽었습니다. 책을 읽고 제 머리가 멍해졌다가, 가슴이 따뜻해졌어요. 감사했습니다. 이렇게 소중한 분을 하나님께서 저의 사역 가운데 함께 머물게 하셨구나 하면서요. 바로 떠오른 찬양의 가사가 있습니다. '똑바로 걷고 싶어요.' 새벽 5시 30분 수련원 의자에 앉아 이 찬양을 얼마나 불렀는지 모릅니다.

'주님! 타는 가슴으로 복음과 시대적 부름 가운데 바른 진리의 세계관을 가지고 똑바로 걷고 싶어 단심가를 부르듯 신실하게 살아온 하나님의 사람을 보고 계시나요? 하나님이 없는 바벨론 세상에서 바알에게 무릎을 꿇지 않는 한 사람을 여기 이렇게 보내주셔서 감사합니다. 이제 이 한 사람을 통해 또 한 사람이 일어나게 하시고 그렇게 진리 안에서 하나님의 사람들이 제자로 양육될 수 있도록 그의 삶을 인도하소서.'

정일선 장로님의 글을 통해 같은 가슴으로 '똑바로 걷고 싶은' 진리의 사람들이 힘을 얻고, 함께 걷는 도전과 은혜가 일어날 것을 소망합니다.

광주서현교회 담임목사 박은식

순 서

순 서

시선

오래 된 글에서 시대를 읽는다.

그때 그 시절을 다시 읽는다.
그 시대에 홀로 선 나를 본다.
그리고 오늘의 나를 만난다.
거기서 내일의 나를 찾는다.

내 눈에 비친 그 절망 앞에
가슴 깊은 절실함이 말을 건넨다.
그리고 오늘의 답이 답답하다.
거기서 내일의 답을 기대한다.

그 아픔 속 그 손길 앞에
나의 꿈을 내려놓고 그 손길을 만난다.
그리고 오늘의 길을 걷는다.
거기서 소망의 손길이 함께 한다.

오래 된 글에서 나를 읽는다.

2021년 정일선

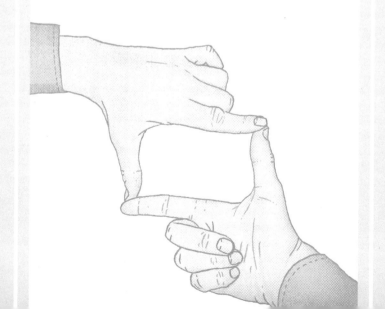

1

신앙의 눈으로,
시대에 말하다

내가 사는 시대에 말을 걸고 싶었다.
앞장서지도, 그렇다고 외면하지도 못하고
뒷전에 서성이며 늘 뒷걸음질을 했다.

아무런 대답이 없으신 하나님 앞에서
나는 외롭게 외쳐야 한다고 생각했다.
그 외침은 안에서도 밖에서도 환영받지 못했다.

주로 월간 『그향』 시사 글을 그대로 모았다.
1992년 이후, 세상은 그랬고 나는 그리 살았다.
30년 후 그 외침을 그대로 다시 되뇐다.

용기가 없어서 긁적거렸던 그 당시의 양심이
오늘의 나를 다시 부끄럽게 한다.

신앙의 눈으로, 시대에 말하다

범사에 양심을 따라

종교개혁 475주년에 부쳐, 1992년

"…형제들아 오늘날까지 내가 범사에 양심을 따라
하나님을 섬겼노라…" (사도행전 23:1)

이스라엘의 공회 앞에 선 바울의 첫마디입니다. 그가 양심에 따
라 섬긴 하나님이 그에게는 불의를 대항하는 유일한 힘이었습니다.
이렇게 하나님의 진리는 어떠한 권력이나 세력 앞에서도 우뚝 서서
홀로 강합니다. 1517년 10월 31일 이날은 루터가 중세 로마교회의 불
의와 거짓에 대항하여 95개조의 반박문을 내건 날이요, 이날이 로마
가톨릭에 저항하는 종교개혁이 시작된 날입니다. 이제 475년의 세월
을 보내며 개신교는 전 세계의 모든 분야에 큰 영향력을 미치고 있습

니다. 한국교회도 이미 선교 100년이 넘은 지 오랩니다. 그동안 천만이 훨씬 넘는 교회를 이루었습니다. 그러나 오늘날 한국의 교회는 성장만큼의 예언자적 사명을 감당하지 못한다는 자성의 목소리가 커지고 있습니다. 1907년 한국교회의 부흥은 1919년 3·1운동에 한국교회가 주도적인 역할을 감당하게 했습니다. 당시 한국교회는 전인구의 1.3%에 불과한 신도 수에도 불구하고 그 시대에 선한 영향력을 끼쳤습니다. 하지만 지금은 전인구의 25%가 넘는 교인을 확보하고도 시대를 그리스도의 복음으로 선도하지 못하고, 오히려 세속화의 물결 속에서 불신자들의 지탄을 받고 하나님의 이름이 모독을 당하는 경우가 허다합니다. 바울의 복음정신과 칼뱅의 개혁정신은 어디로 갔을까요?

신앙양심은 교회의 불의를 하나님 앞에서 회개하는 양심이라고 생각합니다. 예수 그리스도를 영접하여 구원을 얻은 우리는 살아계신 하나님의 성전입니다. 하나님께서 거룩하신 것처럼 우리도 거룩한 공동체를 이루어야 합니다. 교회 공동체는 삶 전체를 하나님께 바치려는 사람들이 모인 삶의 공동체입니다. 그런데 오늘날 교회는 몇몇 사람들(목회자)의 헌신에 대해 교인들이 후원하는 단체처럼 보입니다. 믿음과 소망과 사랑 중에 제일은 사랑이라 했습니다. 이 말은 사랑이라는 교회의 온전성이 우선해야 신자의 믿음과 소망이 온전하다는 의미가 아닐까요? 교회의 고정화된 의사결정과 행사 진행방식 등으로 교회에 갈등이 생길 때, 또는 공동체의 부도덕성에 우리는 어떤 태도를 취해야 할까요? 교인 각자 경건하고 각자가 충실히 맡은 일을 감당하면 전체적으로 선을 이룰 것이라는 개인주의적 원리에 젖어 있지 않은가요? 공동체가 하나님 앞에서 불의할 때 그 공동체에 충실한 개인은 어떻게 됩니까? 교회가 하나님께서 기뻐할 의사결정과정을 유지하면서 하나님 나라를 이루어가고, 각 개인이 거기에 충실해야 자신의 삶을 통해 하나님 나라를 누리며 성숙된 신자로 성장합니다. 개인의 경건한 삶도 중요하지만, 이제는 교회 공동체의 삶에 관심을 가지고, 교회가 얼마나 하나님의 원리에 충실한가를 생각하며 함께 선을 이루는 지혜를 간구해야 합니다. 개인의 죄악에 대한 회개의 촉구보다는 교회가 거룩하신 하나님 앞에서 자신의 불의를 처절하게 회개할 때가 온 것입니다. 종교개혁! 한국교회의 개혁! 그것은 복음정신이 상실되어 가는 한국교회가 하나님보다는 세속에 굴복한 자신의 부패와 교만을 공동체적으로 회개하는 운동이요, 신앙양심을 회복하는 운동입니다. 이것이 교회의 온전성을 회복하고 그 안에서 성도의 신앙양심을 온전하게 하는 토양이 될 것입니다.

신앙양심은 시대의 불의를 향해 진리의 빛을 비추는 삶입니다. 한국 사회의 구조적 모순은 사회구성원의 사분의 일이 넘는 크리스천을 자랑하는 교회와 직간접으로 관련되어 있음을 부인할 수 없습니다. 오히려 한국교회는 이 사회의 불의와 죄악을 자신의 죄로 여기고 책임감 있는 사회적 사명을 감당하는 것이 마땅합니다. 우리 사회에 만연된 불신과 분열의 죄악에 대해 교회는 자신들의 불신과 분열때문임을 통감하고 하나님 앞에서 통회하며, 십자가로 하나 된 교회를 화합과 일치의 정신으로 서로 용납해야 합니다. 이러한 교회의 하나 됨이 우선될 때 하나님은 우리 시대의 분열과 분단을 치유하고 참된 화해의 삶을 허락하지 않겠습니까?

　신앙양심은 하나님의 의를 위해 자신을 드리는 헌신, 즉 은혜에 합당한 열매로 사는 것입니다. 우리가 허물과 죄로 죽었을 때 그리스도는 십자가의 피 흘림으로 우리를 값없이 구원하였습니다. 나의 의로운 행위와 공로로 구원을 받았다면 내가 내세우고 자랑할 것이 있으나, 우리는 그 누구도 자랑할 것이 없는 죄인입니다. 그런데 그런 우리를 구원해 주신 것입니다. 양심이 있다면 어떻게 살아야 합니까? 나를 구원해 주신 그분의 의도와 뜻에 순종하며 사는 것이 합당하지 않나요? 그러면 그분이 우리에게 가진 계획과 의도가 무엇일까요? 고작, 구원받은 성도들이 이 세상에서 복 받고 사는 것일까요? 하나님은 자기 백성들을 통해 이 땅에 하나님의 의를 드러내고, 예수 그리스도를 통해 하나님 나라를 이루고자 우리를 구원하고 그의 백성으로 훈련하는 것입니다.

　신앙양심은 신앙인격으로 드러납니다. 신앙인격은 많은 사람을 의로 인도하기에 부족함이 없습니다. 훌륭한 인격은 하나님이 인간을 창조하였듯이 하나님의 형상을 회복하는 것입니다. 하나님이 우리를 창조하신 의도에 맞게 사는 것이 인간다운 삶이며, 하나님이 주신 형상을 회복하는 것이 가장 인간다운 인격입니다. 한국교회는 종교개혁 475주년을 기념하면서 한국교회의 성도들이 온전한 신앙양심으로 빛 된 삶을 살기에 합당한 인격을 가지고 살도록 교회가 구조적으로 온전한 공동체를 이루어야 합니다.

교육 대개혁 서명과 그리스도인

1992년

요즈음 시내에 나가보면 좌판을 벌여 놓고 서명을 촉구하는 교사들의 모습을 봅니다. 이 서명을 지지하는 각 계, 각 층의 지지 성명이 신문 광고란에 자주 보입니다. 90년대 한국의 교단에 서 있는 교사들이 무엇 때문에 거리에 나섰으며, 왜 국민적 서명이 필요하고, 이러한 교육 현안에 대해 하나님을 믿고 사는 그리스도인들은 어떤 태도를 취해야 할까요?

먼저 교육 대개혁과 해직교사 원상복직을 위한 범국민서명운동본부의 주장을 눈여겨볼 필요가 있습니다. 그들은 6공화국 정부의 교육정책을 여섯 가지로 지적하며 더 이상 교육개혁을 미룰 수 없다고 주장합니다. 오늘날 한국교육은 과외와 입시과열로 인한 학교교육의 파행이 심화되고 있고, 퇴폐문화의 양산으로 청소년비행이 급증하며, 학부모의 교육비 부담만 급증할 뿐 교육환경은 열악하고, 학교 민주화를 외면하는 속 빈 교육자치, 개인주의를 조장하여 민족교육을 외면하고, 교사의 파면과 해직 남발로 인한 신분 불안이 교권을 유린하고 교육의 질을 저하시키고 있다는 것입니다. 그래서 교육 대개혁을 위해 여섯 가지 방향을 제시했습니다.

① 입시과열 해소와 보통평등교육 강화
② 학교교육 정상화 및 청소년문제 해결
③ 정부의 교육투자 확대와 학부모 부담 대폭 축소
④ 교육자치의 내실화, 교육주체의 참여 보장
⑤ 교육과정 결정의 민주화와 민족민주 인간화교육
⑥ 교원권리 보장과 처우 대폭 개선 등

많은 그리스도인들이 개인적으로 이 서명에 참여하였고, 많은 목사님들이 지지 광고를 신문에 게재하였습니다.

그리스도인들도 세상 가운데서 하나님의 자녀로 살아가기 때문에 많은 경우 하나님의 의와는 상반되는 세상의 불의와 모순 속에서 살아가고, 자신도 모르게 그것을 정당화하며 그 불의에 젖어 살기도 합니다. 심지어는 그 모순을 확대 재생산하는 집사님, 장로님들의 사건을 우리는 신문에서 자주 대하곤 합니다. 교육문제에 있어서도 마찬가지입니다. 우리는 하나님의 백성이지만 하나님의 의도에서 벗어나 있는 학교교육에 자녀교육을 부분적으로 일임할 수밖에 없습니다. 물론 학교가 전적으로 하나님의 주관적 섭리에 벗어나 있는 것은 아닙니다. 학교에서 가르쳐지는 많은 지식들이 하나님이 창조하신 만물의 질서와 하나님의 형상을 닮은 인간 사회의 원리를 깨닫게 해주며, 하나님을 떠난 인간의 불행과 자연만물의 무질서를 깨닫게도 해줍니다. 그러나 학교교육의 주류는 하나님을 거부하는 진화론적 인본주의에 지배를 받고 있으며, 오늘날 하나님을 떠난 교육은 그 모순을 근본적으로 해소할 수는 없습니다. 따라서 학교에 자녀를 맡긴 우리도 가슴이 아픈 일을 많이 당하고 있으며, 그러한 현실을 어찌하지 못하여 자신도 모르게 신앙양심보다는 현실논리에 따른 경우도 있었을 것입니다. 우리 그리스도인들이 세상에서 선한 영향력을 끼치지 못하고, 세상을 이기신 그리스도의 승리를 누리지 못하는 이유가 여기에 있지 않을까요?

그러면 우리는 이러한 교육풍토와 이것을 개혁하려는 세력 사이에서 어떻게 하는 것이 하나님의 뜻에 합당하고 그 나라의 의를 실현하는 것일까? 우리는 먼저 하나님을 떠나 불순종하는 가운데 자신도 모르게 불의를 합리화하고 그것에 눈감아 왔던 죄를 공의로우신 하나님 앞에서 철저하게 회개해야 합니다. 개인적 회개뿐 아니라 교회의 공동체적 회개도 절실합니다. 학교풍토에 대해 한탄과 자조를 하는 시간에 가슴 아파하며 하나님께 그 문제를 놓고 회개하며 지혜를 간구해야 할 것입니다. 하나님이 우리의 회개와 간구를 들으시고 자기 백성을 불쌍히 여겨 보호하시려고 친히 여러 손길을 통해 개입하실 것입니다. 그리고 우리는 하나님의 자녀인 내 자식이 다니는 학교의 바람직한 풍토를 이루어, 내 아이가 바르게 성장할 수 있기 위해서는, 학부모로서 주체적으로 학교운영에 참여해야 합니다. 학교문제의 실상과 그 근본 원인, 그리고 그 영향으로 받게 되는 아이들의 피해에 대한 지식과 관심이 필요하고 그것을 해소할 수 있는 구체적 대안도 함께 강구해야 합니다. 이러한 대안이 부족할 때는 차선책이기는 하지만, 교육 대개혁운동을 펼치고 있는 세력에 비판적 지지를 함으로써 상황을 많이 완화시킬 수는 있습니다. 여기서 혼자는 어쩌지도 못하는 경우가 생기는데 교회가 그리스도인 가정의 자녀교육문제인 만큼 어떤 대안을 마련해야 합니다. 신자들에게 학교교육에 대한 바른 교육과 신학적 견해를 갖도록 하고, 세상 속에서 그리스도인이 승리하는 삶의 비결과 신앙훈련이 마련되어야 합니다. 세상의 잘못된 불의 앞에 나약한 신자의 삶과 교회의 모습은 세상 사람들이 하나님의 이름을 모독하게 하는 결과를 낳을 수도 있습니다.

죽어가는 학교현실과 한국교육에도 그리스도의 새 생명을 불어넣는 선한 사명을 교회가 외면하며 무관심할 때, 다음 세대 그리스도인들이 어떻게 되는가요? 예수 그리스도가 오셔서 완성할 하나님 나라가 이르는 그날까지, 우리 그리스도인들과 교회는 교육에 대한 제사장적, 선지자적 사명을 잘 감당해야 합니다.

한국교회와 시한부 종말론

1992년

시한부 종말론자들이 주장하는 휴거가 두 달도 채 남지 않았습니다. 교계에서 이단으로 규정한 이들은 다양한 해석이 나올 수 있는 성경적 근거로 1992년 10월 28일 자정을 기해 예수가 재림하므로 이를 대비하라고 권합니다. 많은 신자와 학생들이 정상적인 생활을 포기하고 가두홍보와 집단숙식을 하고 있습니다. 이들에게서 재산헌납, 학업포기, 집단감금 등의 현상이 발견되고, 이들의 거짓이 드러날 경우 순교를 가장한 집단 자살극이 우려됨에 따라 경찰과 검찰이 본격적인 수사에 나서 주목이 되고 있습니다. 이제는 종교적 차원을 떠나 사회문제로 크게 대두하고 있습니다.

이러한 현상은 사회구조적 측면에서 볼 때, 급속한 경제성장과 정치, 문화의 급격한 변화에 따른 아노미anomie상태가 사회구성원으로 하여금 합리적 사고보다는 단순하고 확실한 구원을 강조하는 종말론에 현혹한다는 이유로 설명됩니다. 특히 오늘날 한국 사회처럼 정치적, 경제적, 사회적, 문화적 모순과 부조리가 극심하고, 이에 대한 어떤 대안이나 소망이 없이 사회가 무력감만을 개인에게 가중시킬 때, 시한부 종말론은 설득력을 갖게 됩니다. 더욱이 예수 그리스도의 재림과 하나님 나라를 소망하는 신자들이 이러한 시한부 종말론에 더 쉽게 현혹되어 갈팡질팡하는 경우가 많습니다. 즉, 사회적 병리 현상이 개선되지 않고 심화될수록 이러한 이단적 종말론은 언제든지 등장할 수 있습니다. 또한 한국교회가 성장에 합당한 사회적 몫을 다하지 못하고 세속화됨에 따라 많은 사람들이 실족하고 있습니다. 시한부 종말론은 사회병리 현상의 결과라고 할 수 있지만, 상당한 부분은 한국교회가 책임져야 합니다. 변남주 목사님도 종말론의 대두에 대해 기존 기독교계는 어떤 형식으로든 책임을 회피할 수 없기 때문에 교계의 자성과 대응책이 마련되어야 한다고 성토했습니다.

'그러면 한국교회와 그 교회의 지체인 우리는?' 이라는 질문을 던집니다. 내가 실로 속히 오리라는 그리스도의 약속을 소망으로 삼고 살아가는 우리는 시한부 종말론이 사회적으로 큰 관심과 파문을 일으키고 있는 이 시대 속에서 한국 사회에 대해 어떤 책임을 어떤 방식으로 져야 할까요?

우선, 한국교회는 지난 1세기 동안 저지른 교회의 분열과 사회적 모순에 대한 죄악을 자신의 죄로 인식하고 하나님께 통회하여야 합니다. 그리고 그 회개가 각 개인의 고백과 교회의 전국적 일치운동으로 전개되어야 합니다. 교회 지도자들로부터 시작하여 사회 각처에서 큰 영향력을 미치는 지도급 신자들이 먼저 각성하고 회개할 때, 온 교회의 지체들이 서로의 죄를 고백하며 그리스도 안에서 하나 될 수 있습니다. 회개는 하나님과 올바른 관계를 유지하는 회복운동이요, 서로의 분열과 불화를 치유하는 화해운동입니다. '오라! 우리가 여호와께로 돌아가자. 여호와께서 우리를 찢으셨으나 도로 낫게 하실 것이요, 우리를 치셨으나 싸매어 주실 것임이라' 라고 선지자 호세아가 외친 하나님의 명령과 약속에 의지하여 우리 시대는 회개를 통한 치유가 우선되어야 합니다. 그래야 미혹하는 영이 들끓는 말세에 신자들이 믿음 위에 굳게 서서 하나님 나라를 대비할 수 있습니다.

그리고 한국교회는 신자들을 바르게 양육하는 일에 혼신의 노력을 아끼지 말아야 할 것입니다. 미혹하는 적그리스도에게 양들의 마음이 흔들리지 않도록 부르심과 택하심을 굳게 해야 합니다. 오늘날 한국교회의 많은 신자들이 하나님께서 자신을 구원하고 축복한 은혜에 겨우 만족하며 살 뿐이고, 하나님이 자기 백성을 택하시고 부르신 뜻을 망각하고 살아가는 경우가 많습니다. 하나님께서 죄 많고 허물 많은 나를 특별히 택하여 부르신 것이 단순하게 신자인 나를 불신자보다 더 잘 먹고 잘 살게 하는 복을 주시기 위함일까요? 우리는 하나님을 마치 나만을 위한 하나님으로 생각하고 살고 있습니다. 그러나 하나님은 자신의 창조사역과 구속 경륜 속에 우리를 동참하게 하셨습니다. 예수 그리스도를 통하여 하나님 나라를 이루어 가는 데 우리를 쓰려고 택하신 것입니다. 죄와 허물로 이미 죽었던 우리를, 예수 그리스도의 십자가와 부활로 구원하여 주신 것 자체가 하나님 나라입니다. 이 하나님 나라를 확장하고 그리스도의 재림으로 완성하기 위해 우리를 구원하여 많은 연단을 허락하고 필요한 축복도 허락하셨습니다. 하나님에 대한 지식과 믿음을 성장시켜 신자들이 행하는 선한 영향력을 통해 이 땅에 하나님의 의를 바로 세우고 그 나라를 이루어가도록 해야 하지 않을까요? 그렇게 되려면 교회는 성도들에게 하나님의 구속 경륜을 선포하고, 성경적 세계관을 기초하여 자신의 삶과 그 시대를 바라볼 수 있도록 각종 교육 프로그램을 제공해야 합니다. 교회만 다니면 저절로 성장하는 것이 절대 아닙니다. 교회에서는 의롭고 정말 충성스러운 사람이 가정에서나 직장에서는 세상을 이기지 못하여 불의한 일을 저지르는 경우가 바로 그 방증입니다. 비슷한 일들이 우리의 삶에 얼마나 많은 지 참 안타까운 일입니다. 처음에는 사랑으로 보살핌이 필요하겠지만, 끊임없는 신앙훈련과 연단이 비로소 신자를 성숙시킵니다. 성숙한 신자는 자신의 살림살이보다는 하나님과 이웃의 유익에 먼저 관심을 갖게 되고, 하나님께서는 친히 그러한 일들을 감당하기에 합당한 은사와 능력, 필요한 것들을 우리에게 축복으로 허락하십니다. 하나님이 주는 모든 것이 내가 필요로 하므로 주어지는 것이 아닙니다. 하나님의 필요에 따라 우리에게 허락하시기도 하고 가져가시기도 합니다. 하나님의 필요에 따라 정권과 권력을 세우기도 하고 무너뜨리기도 하십니다. 심지어 악한 권력마저도 하나님의 백성을 징계하고 회개하는 방편으로 사용하는 하나님의 역사 개입을 성경에서 자주 보게 됩니다. 자신의 삶과 시대를 절대 주권으로 주관하시는 하나님을 믿고 의지하며 살도록 양육이 되어야 이단의 사악한 미혹에 빠지지 않습니다. 뿐만 아니라 다른 사람을 실족하게 하지 않는, 하나님의 사람으로 일컬음을 받는 참 크리스천의 삶을 살 수 있습니다.

다음으로 한국교회는 다가올 하나님 나라에 대한 올바른 신학을 정립하여 바른 소망을 가지고 그날을 대비해야 합니다. 이 세상의 문화와 하나님 나라는 어떠한 연관성을 갖고 있나요? 하나님 나라를 준비하기 위해 이 세상의 문화 속에서 구체적으로 어떠한 문화변혁을 해야 하나요? 가정생활은 어떠해야 하며, 직장생활은 어떻게 해야 하는지, 현재의 삶이 하나님 나라에 어떤 의미를 갖는지 등, 한국교회는 이 세상 속에서 그리스도인의 삶이 하나님 나라에 갖는 의미가 무엇인지 잘 가르쳐 주어야 합니다. 그래야 신자들이 흔들리지 아니하는 견고한 소망을 붙들고 세상 가운데 빛과 소금의 삶을 살면서 적그리스도의 영향력에 과감히 도전할 수 있는 것입니다.

오늘날 한국교회는 무엇을 하고 있나요? 신자들이 세속문화의 노예가 되어 가고, 시한부 종말론을 비롯한 이단의 속임수에 아무런 대책 없이 끌려가고 있습니다. 오늘의 현실에 대한 한국교회의 대안은 무엇인가요? 심지어 교회마저도 하나님의 진리보다는 현실 논리에 파묻히게 되고, 교회의 간판을 걸고 이단들이 양들을 미혹하고 있는데 한국교회와 신자들은 무엇을 하고 있나요?

김영삼 장로님께 바란다

1993년

지난 12월 19일은 김영삼 장로님의 어릴 적 꿈이 이루어지는 날이었습니다. 장로님에게는 승리의 날이었지요. 그러나 과반수가 넘는 국민에게는 좌절의 날이었습니다. 장로님의 꿈이 많은 국민들에게는 좌절로 다가온 것입니다. 장로님이 당선되자 부산 기관장 모임이 도청 사건으로 뒤바뀌었습니다. 장로님이 당선된 지 4일이 채 못 되어 인천에서는 어느 중소기업인이 또 자살했습니다. 장로님의 대통령 당선이 우리에게는 아무런 희망도 기대도 안겨다 주지 못한다는 증명이라도 하듯이 말입니다. 그러나 앞으로 5년 후에는 장로님의 집권이 온 국민의 화합과 민족의 통일을 앞당기고 국가의 성장을 결실로 맺었다는 평가를 받으시길 기원하는 마음으로 이 글을 쓰게 되었습니다. 분단시대의 구조적 모순과 불의를 청산하고 명실상부한 사회정의와 민주화 그리고 번영을 가져오는 5년이 되기를 바랍니다. 장로님의 이름이 우리 역사에 존경받는 대통령의 이름으로 내 아이들의 가슴에 남아있기를 바랍니다.

저는 솔직히 민주당의 정책을 바탕으로 김대중 후보를 지지하였습니다. 김영삼 장로님은 구국의 결단 이후 날치기 입법으로 저에게는 결정적인 실망을 안겨 주었습니다. 장로님이 제시한 신 한국의 창조는 구체적인 모습을 도저히 찾아볼 수가 없었습니다. 특히 교사인 저는 해직교사에 대한 복직 대책이 없는 장로님의 정책을 도저히 지지할 수가 없었습니다. 물론 장로님의 대통령 꿈을 이루어가는 기나긴 여정에 어쩔 수 없는 최소한의 과오라고 생각합니다. 이제 대통령이 되셨으니 장로님의 신앙양심과 정치역량을 잘 발휘하여 제발 더 이상의 정치 불신이 이 땅에 생기지 않도록 했으면 하는 소박한 바람입니다. 장로님의 집권으로 말미암아 그동안 불만과 불신의 국민 정서가 사랑과 감사와 신뢰의 정서로 바뀌었으면 합니다. 누구만 생각하면 기분 나쁘고 왠지 못 믿겠다는 정서보다는, 누구만 생각하면 흐뭇하고 고맙고 믿음직하다는 정서로 한 번 살아봤으면 얼마나 좋을까요?
오늘날 장로님이 정치가로 성공한 것은 경쟁자였던 김대중이라는 인물이 있었기 때문인지도 모릅니다. 하나님은 다윗을 왕으로 세우시는 동안 많은 시련을 통해 인격을 성숙시키고 백성을 이해하는 정치역량을 길러 주셨습니다. 특히 사울 왕의 정치적 탄압은 다윗을 왕으로 성장하게 하는 하나님의 도구였습니다. 그렇다고 장로님이 다윗과 같다는 이야기는 전혀 아닙니다. 여당으로 변신한 장로님보다는 역대 정권으로부터 탄압받아 온 김대중 씨가 차라리 다윗에 더 가깝지요. 다만 사울이 죽고 다윗이 왕이 되었을 때, 대화와 합의 정치를 통해 잠시 분열된 열두 지파를 하나로 통합했던 그 다윗의 지혜를 장로님이 배웠으면 합니다.

근대 이후 세계사는 분리주의에 의해 지배되어 왔습니다. 절대 왕권 시대에는 민족주의, 프랑스대혁명 이후에는 이념의 대립에 의한 분리주의적 적대감을 통치의 기반으로 정치가들이 사용해왔습니다. 우리 한반도도 일제의 침략정책과 분단 이후 이데올로기적 적대감을 심는 반공정책 그리고 지역감정이라는 허위의식을 바탕으로 정권을 유지·연장하는 분리주의 풍토에서 국민들을 다스려왔습니다. 요즈음 탈 이데올로기적 세계 조류 속에서도 세계정세는 인종 분파주의와 경제블록화를 통한 지역주의를 바탕으로 세력 재편이 이루어지고 있습니다. 장로님을 대통령으로 당선시킨 이번 선거에서도, 색깔론으로 모 후보와 단체를 용공시하고 부산 기관장 모임(편집자 주: 일명 초원복국 사건)을 가짐으로 지역감정이 드러나고 말았습니다. 장로님이 기독교인이라는 이유 때문에 종교 분파주의가 고개를 들 뻔도 했습니다. 선거 과정에서는 어쩔 수 없었다고 하나, 집권 과정에서는 제발 이런 식의 분리주의를 포기하시고 국민적 화합과 일치의 시대를 여시기 바랍니다. 예수님의 그 화해의 십자가를 믿고 사는 장로님의 신앙양심으로 말입니다. 이것이 통일시대로 가는 가장 지혜로운 길입니다. 야당의 정책을 상당 부분 받아들이고, 특히 호남인의 정서에 대한 특별한 배려가 있어야 할 것입니다. 95%의 좌절 수준에서, 묵묵히 당신의 당선을 수용하고 있는 호남인의 소리 없는 외침이 있습니다. 이에 대한 치유 없이는 이 땅에 화해는 불가능합니다. 정치적 소신 때문에 억압받는 자들이 진정한 자유를 누려야 합니다. 경제적 박탈감을 해소해야 합니다. 이것이 우리 시대를 사는 구성원들의 관계를 바로잡는 길입니다. 이런 것을 해결할 수 있는 지혜는 장로님이 믿고 사는 하나님의 말씀인 성경에 얼마든지 찾아볼 수 있습니다.

우리 그리스도인들은 장로님에게 훌륭한 정치를 할 수 있는 지혜를 허락해 주시라고 역사의 주관자이신 하나님께 기도할 것입니다. 장로님을 위해서가 아니라 불쌍한 이 땅의 백성들 때문에 말입니다. 그동안 이 사회의 지도층에 있는 그리스도인들이 그들의 행위로 말미암아 하나님의 복음 역사를 힘들게 한 일이 많았습니다. 제발 장로님을 통해서는 하나님의 이름이 모독을 당하는 일이 없었으면 합니다. 장로님의 정책과 행위에 대한 국민의 심판도 심판이지만, 우리의 행위에 보응하시는 하나님의 심판을 두려워하는 대통령이 되시기 바랍니다. 만군의 하나님 여호와, 만왕의 왕 예수 그리스도를 믿고 사는 장로님의 신앙양심과 신앙인격이 앞으로 이 땅의 빛으로 드러나길 기원합니다. 그래서 이 땅에 정의가 강물처럼 흘러넘치고, 사랑과 감사와 신뢰의 정서로 인간답게 살아가는 맛을 좀 느끼기를 바라보겠습니다.

재산 공개

1993년

김영삼 정부가 출범한 이후 우리 시대는 많은 변화를 맞이하게 될 것으로 기대합니다. 행정부 관료들을 개혁적인 인물로 등용하고, 등용한 후 문제가 된 장관은 곧바로 경질한 것에서 새 정부의 개혁 의지를 엿볼 수 있습니다. 특히, 대통령 자신이 재산을 공개하고 수십 명의 각료 등 고위 공직자들과 여당 의원들의 재산을 스스로 공개하도록 한 것도 획기적인 일이었습니다. 물론 금융실명제 등 제도적 개선이 이루어지지 않은 재산 공개는 눈 가리고 아웅하는 정치쇼에 불과한, 국민을 우롱하는 숫자 조작이었지만 몇몇 의원들이 거짓으로 재산을 공개하고 그 재산을 축적하는 과정에 저지른 부도덕이 드러나 그들로 하여금 곤욕을 치르게 할 수 있었습니다.

예수님을 믿고 사는 그리스도인들은 공직자들의 재산 공개와 그로 인한 파문을 어떤 시각으로 보아야 할까요? 우리 시대의 모순적 권력구조와 그에 따른 부정 축재에 대해 세상의 빛과 소금이어야 할 그리스도인들은 어떤 태도를 취해야 할까요? 우리 그리스도인들은 부동산투기 등 시대적 악에 동참하지 않았다고 자신 있게 말할 수 있나요? 고민이 아닐 수 없습니다. 높은 자리에 앉는 것을 부러워한 이유가 바로 이것 때문이지는 않았습니까? 정도의 차이는 있으나 이 시대를 사는 모든 이들이 이 문제에 책임이 있다고 봅니다. 특히, 하나님 나라에 소망을 두고 사는 그리스도인들이 이런 부조리에 말려 곤욕을 치러서는 안 됩니다.

바울은 디모데에게 그 당시 부한 자들에게 다음과 같이 명하라고 권면하고 있습니다. 부한 자들은 교만해서는 안 됩니다. 부정한 재물에 소망을 두어서도 안 됩니다. 오직 모든 것을 후히 주시고 그것을 풍성하게 누리도록 하시는 하나님께 선한 일을 행해야 합니다. 만물의 주인이신 하나님 앞에서 나는 재물에 대한 청지기에 불과하다는 것을 인정해야 합니다. 이런 믿음이 있을 때 우리는 재물에 소망을 두지 않고 하나님이 후히 주시는 모든 것에 감사하는 삶을 살게 됩니다. 또한 세상의 구조적 악 속에서도 신앙양심을 지켜나가는 거룩한 삶이 가능하게 됩니다.

그렇다고 손해만 보고 살자는 이야기는 아닙니다. 우리는 하나님이 주인이신 모든 재물의 분배 과정에서 인간의 죄악성으로 말미암아 생겨난 많은 모순 구조들을 하나님의 뜻에 합당하게 변혁시켜 나가는 것도 하나님 나라의 회복을 위한 하나님의 선한 일이라는 사실에 동감할 줄 압니다. 사회정의가 어느 정도 정착되어야 그만큼 불이익을 당하는 이웃이 적어지게 됩니다. 이웃 사랑이란 직접적으로 그 이웃의 필요를 돌보아 주는 것뿐 아니라, 그들을 고통스럽게 하는 사회의 구조적 모순을 개선함으로 그 이웃의 고통을 덜어 주는 것이 중요하지 않을까 생각해 봅니다. 그런 면에서 교회가 사회 부조리에 눈감는 것은 이웃의 아픔을 무시하는 죄악입니다. 오늘날 한국교회는 이러한 죄악에 대해 하나님 앞에서 통회하는 심정으로 공직자들의 재산 공개 파문을 지켜보아야 합니다. 그리고 앞으로는 부정부패에 대한 제사장적 역할을 감당하여 세상의 빛으로 이 땅에 우뚝 선 참교회상을 간직해야 합니다.

학생 복음운동에 소망을 걸고
대학 신입생들에게 드리는 글, 1993년

나는 내가 하고 싶은 일을 못 하게 했던 고등학교 시절의 뼈저린 체험이 계기가 되어 교육 모순의 극복을 꿈꾸고 사범대학에 진학하였습니다. 그러나 유신 체제의 경직된 상황 속에서 대학생활은 내게 깊은 좌절감만을 안겨다 주었습니다. 교육학 공부를 통해 어떤 실마리를 찾으려 했으나, 그것도 아무런 도움과 의욕을 가져다주지 못했습니다.

그러다 2학년 1학기 기말고사 준비가 한창이던 6월 어느 날! 내가 다니던 대학의 교수님들이 국민교육헌장을 비판하면서 한국 교육의 모순을 지적한 '교육지표사건(1978)'이 나를 구체적인 역사 현장의 한복판에 서게 하였습니다. 나는 최초로 교수님들의 양심적 선언을 지지하며 최루탄과 몽둥이에 맞서게 되었습니다. 그 후 끊임없이 교육문제를 사회 전체적 구조의 모순 속에서 파악하게 되었고, 사회 문제 해결을 위한 이념적, 실천적 노력을 하면서 시대 문제를 내 문제로 여기고 나름대로 처절하게 고민하며 젊은 시절을 살았습니다. 결국 군사독재 유신 체제는 붕괴되었고 서울은 봄을 맞이하게 되었습니다. 황홀하고 굉장한 성취감과 시대에 대한 기대로 감격을 억누르지 못한 채 나는 4학년이 되었습니다. 이때의 생각은 학생운동이야말로 이 시대 양심의 마지막 보루이며, 내가 앞으로 감당할 교육 모순의 해결책이라 생각하였습니다. 그러나 그해 봄이 다 가기 전에 나의 꿈은 군홧발에 처절하게 찢기고 말았습니다. 비장한 각오를 하면서도, 끊임없는 회의와 처절한 좌절은 나를 어쩌지도 못하게 하였습니다. '이 불의한 시대 속에서 나는 무엇인가? 내가 믿고 사는 하나님은 도대체 무얼 하시는가?' 하는 생각이 들었습니다.

사실 우리나라 현대사에서 학생운동은 시대의 불의에 항거하는 양심세력의 산실이었고 역사를 전환시키는 힘의 원동력이었습니다. 그동안 학생운동을 지도해 온 사상과 논리가 이 시대의 모순을 비판하는 대항 논리로서 상당히 합리적이었다는 것도 인정할 수밖에 없었습니다. 그렇기에 학생운동에 거는 나의 기대는 내 생명과 같은 것이었습니다.

1993년을 사는 대학 신입생들은 자신의 삶과 자신이 살고 있는 현실들이 주는 모순 속에서 어떤 고민들을 하고 살아갈까요? 홍수처럼 밀려드는 대학 문화의 물결 속에서 신입생 그들은 무얼 생각하며 살아가고 있습니까? 세속문화의 거센 압박 속에서 어떻게 직업현장을 감당하고 있나요? 자신도 모르는 막연한 불안감과 왠지 모르게 젖어드는 불만, 그리고 연약한 자신으로서는 어쩔 수 없는 좌절감이 그 희망찬 신입생 시절의 정서를 휩싸고 있는 이유는 무엇입니까? 이렇게 떠밀려 살다가 군대나 얼른 갔다 오고 속을 차려서 취직도 잘 해보자꾸나. 매우 실속 있는 계획이 아닐 수 없습니다. 그렇다고 한물간 학생운동에 이 한 몸 바치기에는 청춘이 너무 아깝고요.

저에게 있어서는 늦게나마 복음이 헝클어진 내 삶을 풀어가는 실마리임을 깨닫게 되었습니다. 어려서부터 내가 간직했던 예수 그리스도의 복음이, 그 감추었던 보화가 내가 사는 이 시대를 해결하는 유일한 하나님의 방법임을 알았습니다. 그래서 나는 이 복음으로 한국교회를 개혁하고 불의한 이 시대를 깨끗이 치유하실 하나님을 경외하는 것과 그에게 예배하는 삶이 얼마나 소중한 것인지를 깨달았습니다. 그리고 청년 대학 운동에 산 소망을 갖게 되었습니다. 복음으로 대학가의 학생운동을 이끌어 갈 그날을 꿈꾸게 된 것입니다. 이 땅에 하나님의 의를 뿌리내리게 하려면 먼저 대학을 예수 그리스도의 복음으로 변화시켜야 합니다. 그렇게 학생 복음운동의 절실함을 깨닫고 보니 제가 할 일이 매우 분명해졌습니다. 그 후 저는 복음으로 훈련받는 것이 즐거웠습니다. 주의 말씀이 송이 꿀보다 더 달다는 다윗의 고백이 나의 체험이 되었습니다. 나의 시간과 물질을 이 일에 바치는 것이 정말 가치가 있고 행복했습니다. 학생 복음운동을 통해 하나님이 이루실 성서한국과 세계선교. 그 일꾼으로 훈련받고 또 다른 일꾼을 양육하고 후원하는 일은 주님이 다시 오실 그날까지 평생토록 우리가 감당해야 할 사명이자 축복입니다. 학생 복음운동 이야말로 우리 시대의 소망이요, 하나님 나라 건설의 한 방편입니다.

그러면 나약한 신입생인 우리가 무엇을 할 수 있단 말입니까? 이 일을 감당하기 위해서는 우리에게 몇 가지 신앙적 결단이 요구됩니다.

첫째, 성경으로 자신의 삶과 시대를 비추어 보는 안목을 갖도록 훈련되어야 합니다. 성경을 많이 읽을 뿐 아니라, 깊이 묵상하고 연구하는 생활이 필요합니다. 그리고 말씀을 근거로 자신의 삶과 교회, 사회의 현실을 해석하고 죄악을 지적하며 복음적으로 치유해 가는 실천적 훈련이 우리에게 있어야 합니다. 따라서 자신의 삶에 영향을 준 세속적 가치관을 포기하는 결단이 요구됩니다. 그리고 성경이 가르치는 세계관으로 무장하여 영적 싸움을 승리로 이끄는 훈련이 대학시절인 지금 필요합니다.

둘째, 하나님의 백성으로서 하나님께 찬양과 예배를 드리고, 주일을 주안에서 안식하는 신앙훈련이 필요합니다. 하나님께 예배하는 삶을 가장 우선하고 그 무엇보다 소중히 여기는 결단이 요구됩니다. 이 훈련이 제대로 된 사람은 삶의 우선순위가 명확해져서 자신의 젊음과 시간과 물질을 어디에 투자할 것인지 확실해집니다. 이것이 세월을 아끼는 지혜를 소유하는 비결입니다.

셋째, 형제들은 군대 생활을 훈련의 도구로 삼아야 합니다. 대학 4년 동안 성경으로 훈련받고 그 훈련의 시험장이 군대 생활입니다. 먼저, 우리는 우리의 장래(취업, 결혼 등)를 하나님께 맡기는 믿음으로 훈련되기까지는 군 입대를 과감하게 연기하는 결단도 필요합니다. 신앙훈련도 되지 않은 크리스천이 인간의 한계 속에서 드러나는 죄악 문화를 버티기에는 우리가 너무 연약합니다. 그러나 확실한 성경적 세계관과 생활리듬을 가진 사람은 아골 골짜기 같은 군 생활 속에서도 생명수와 같은 선한 영향력을 끼치며, 하나님의 역사하심을 증거하는 담대한 크리스천으로 제대를 하게 될 것입니다. 우리가 누릴 수 있는 은혜는 우리 믿음의 분량 만큼입니다. 저는 스물다섯 살 나이에 논산훈련소로 입대했습니다. 늦게 신앙훈련을 받은 탓이었지요. 군 입대를 시작하기 전 4년 동안, 저는 매일 아침 Q.T 훈련, 성경공부 훈련 등을 이 모양 저 모양으로 교회와 선교 단체(ESF)에서 받았습니다. 그리고 광야 같은 군 생활 동안 매일 말씀을 묵상하며 성경공부 모임을 인도하였습니다. 나의 삶 속에서 구체적으로 나를 인도하시는 하나님을 체험할 수 있었고, 늘 그분을 의지하는 훈련도 받았습니다. 내가 어떠한 상황에서도 이 두 가지 일을 생명처럼 지속하고 있는 것은 신앙훈련을 위한 군 입대 연기와 군 생활을 통한 신앙 연단의 결과였음을 저는 부인할 수 없습니다. 자매들은 4년 동안 지속적으로 신앙 성숙을 이루어 가는데 형제들은 중간에 군대를 가서 신앙적으로 실패하고, 제대하고서도 선배랍시고 훈련을 기피하다가 취업 준비에 허덕이고 맙니다. 나약한 선배들의 모습에 좌절하지 마시고 현실 논리보다는 우리의 삶을 인도하시는 하나님의 지혜를 택하십시오.

　대학에서 신앙훈련을 받는 1년 차 학생들은 학생 복음운동을 통해 이루실 하나님 나라에 동참하는 은혜를 누리는 자들입니다. 여러분과 나는 하나님 나라를 이루는 학생 복음운동의 동역자입니다. 우리의 신앙적 결단이 우리의 모든 삶을 좌우합니다. 우리의 젊은 시절, 신앙훈련에 시간을 드립시다. 허탄한 사상과 문화에 자신을 빼앗기지 마십시오. 훨씬 매력 있게 보일지 모르지만, 그것은 하나님 백성이 할 바가 아닙니다. 아침마다 말씀을 묵상하는 훈련, 성경을 잘 배우고 그것을 남에게 가르치는 훈련, 성경적 입장에서 사물을 바라보고 전공을 통해 비전을 준비하는 훈련, 신앙적 결단과 실천하는 훈련 등이 대학 공동체 안에서, 그리고 캠퍼스 안에서 날마다 지속되어야 합니다. 이런 삶은 우리의 신앙양심과 신앙인격을 그리스도의 장성한 분량에 이르도록 성숙시켜 줍니다. 그리고 성숙된 우리들은 이 땅의 성서 문화와 세계선교의 일꾼으로서 하나님 나라를 이루는 하나님 백성으로 거룩하게 지어져 갈 것입니다. 예수 그리스도가 다시 오시는 그날까지 말입니다.

남북교회의 나눔 운동

1993년

지난 4월 27일 오후 7시, 서울 정동제일교회에서는 한국교회가
하나 된 목소리로 '평화통일을 위한 남북 나눔 운동'을 창립하여 구
체적인 실천 사업을 시작하였습니다. 국내 개신교계의 진보진영과 보
수진영을 망라한 범 교단적 통일 운동 조직이 결성되어 남북한 교회
가 가진 영적·물질적 자산을 서로 나누고 민족의 화해와 평화 그리
고 통일에 이바지하기 위한 활동을 본격적으로 전개해 나가고 있습
니다. 한국기독교총연합회, 한국기독교교회협의회 등을 비롯하여 한
국교회 원로 및 중진 목사 520여 명이 발기인으로 참여하고 있습니
다. 남북교회의 나눔 운동은 '기도 나눔', '살림 나눔', '소식 나
눔' 등의 형태로 추진됩니다.

나눔 운동의 첫 사업으로는 오는 6월 5일부터 25일까지(1차), 8월 15일부터 9월 4일까지(2차), 10월 3일부터 23일까지(3차) 등 각 21일간씩 전국 교회에서 '다니엘 기도운동' 이라는 이름으로 새벽 기도회를 갖습니다. 이 기도회에서는 '남북 분단과 기독교인의 회개', '평화통일', '민족복음화' 등 21가지 제목 아래 교회가 민족 화해와 평화통일 기반 조성에 앞장서야 할 이유 등을 설명한 공동 기도문과 설교문을 매일 차례대로 봉독합니다.

기도회 마지막 날에는 특별헌금을 모으고, 이 헌금으로 북한 어린이들에게 분유를 보내줌으로써 '살림 나눔' 을 실천한다는 것입니다. 올해 1차 기도회에서 우선 4억 원 정도를 모아 국제연합아동기금(UNICEF)을 통해 8월 15일까지 8만 kg의 분유를 북한 측에 전달하기로 북한 당국과 간접 협의가 이루어졌다고 합니다. 남북교회의 나눔 운동은 1차에 이어서 2차 및 3차 기도회 헌금을 모아 금년에 16억 원어치의 분유를 북한에 보내고, 해마다 이 같은 '나눔의 분유 보내기 운동' 을 지속적으로 벌여 나갈 계획이라고 합니다. 장기적으로는 북한 경제특구에 예배처소, 병원, 탁아소 등 건립 지원을 비롯하여 의료기기 생산지원, 버스, 승용차, 자전거 등의 제공을 북한교회 측을 통해 제안하고, 북한 측에는 백두산 나무와 금강산 돌로 만든 십자가, 성찬기 등의 성구를 보낼 수 있도록 요청하였습니다. 남북한 기독교인들의 상호 이해 증진을 위한 '소식 나눔' 의 일환으로 평양 봉수교회 예배와 북한 목사의 설교 장면 등을 담은 비디오를 국내 최초로 제작하여 보급합니다. 이 비디오는 지난 창립대회에서 공개 상영하여 첫선을 보였습니다.

최근 남한의 한미합동군사훈련과 북한의 핵확산금지조약 탈퇴로 남북한의 관계가 매우 심각한 국면에 처하였습니다. 이때에, 한국교회가 그야말로 보수 진보교단을 망라한 범 개신교 통일 운동기구를 창립하고 국내 교단들이 서로 연합하여 남북교회가 일치되는 터전을 마련한 것은 하나님을 믿고 사는 신앙공동체의 마땅한 바입니다. 무엇보다 처음으로 시작하는 이 운동이 우리 시대의 주인이시고 역사의 주관자이신 하나님께 드리는 한국교회의 신앙적 순종 행위가 될 것입니다.

이 일을 계기로 우리를 구원하신 하나님의 능력을 개인적 축복으로 제한하는 죄악성에서 벗어나야 합니다. 하나님의 능력과 공의가 온 천하에 전파되는 선교적인 삶으로 대전환이 이루어져야 할 것입니다. 먼저 각 교회들은 하나님이 주신 축복을 잘 감당하여야 합니다. 지금까지 양적, 물적 팽창에 따른 부작용과 악영향들을 회개하고 청산해야 합니다. 교회들이 세속 권력과 문화에 무관심했거나, 찌들어 살았던 과거를 철저하게 공동체적으로 회개해야 할 것입니다. 그리고 다니엘처럼 뜻을 정하고 죽기를 각오하며 이 민족의 죄와 분단의 질고를 자신의 문제로 여김으로 각 교회 각 기관들이, 그리고 각 가정공동체가 힘써 기도하고 간구해야 합니다. 우리가 기도를 시작할 때 이미 우리는 얻은 것입니다. 그리고 이 모양, 저 모양으로 도시교회와 농촌교회의 나눔 운동도 자연스럽게 전국 각 지역별로

또는 교회별로 전개되어야 합니다. 서로 연합하여 농촌교회가 도시
교회를 위해 기도하고 서로 돌아보아야 합니다. 기도회나 각 기관 수
양회 등을 여러 교회가 공동으로 개최하면서 함께 신앙 성숙을 이루
어가야 합니다. 그래서 소외계층을 돌아보는 사회선교에도 함께 하
는 운동이 확산되어야 합니다. 북한교회가 남한교회를 위해 기도하
고 서로 나누는 신앙공동체가 되면 남북교회의 일치도 가능합니다.
하나된 남북교회가 세계를 위해 기도하고 복음을 땅 끝까지 이르도
록 전파하는 일은 생각만 해도 감격스러운 일이 아닙니까? 남북교회
가 일치되어 소말리아를 위해, 방글라데시를 위해 기도하고 그들을
구체적으로 돌아보며 세계를 섬기는 날이 멀지 않을 것입니다. 함께
하는 것이 서로 나누는 것입니다. 그리고 서로 나누는 것이 하나 되
는 길입니다.

이 화창한 5월 가정의 달, 먼저 가정에서 자녀들과 함께 남북교
회를 위한 기도 나눔을 시작해 봅시다. 그리고 6월 5일부터 전국 교
회가 하나 되어 다니엘 기도운동으로 새벽을 하나님께 드려 봅시다.
만군의 하나님 여호와께!

1993년 5월 18일

1993년 5월 18일, 저녁 해가 뉘엿뉘엿 저물어가는 광주 땅 한복판에서 나는 역사적 시대 상황 속 세 종류의 삶을 목격했습니다. '끝나지 않는 외침'을 들은 것과 '희년의 아침을 여는 행진'을 시작한 것, '강권하여 내 집을 채우라'는 전도훈련이 바로 그것입니다.

5·18 민중항쟁 13주기 기념행사 준비 위원회에서는 범국민대회를 개최하여 끝나지 않는 외침을 확인하였습니다. 또 광주지역 기독학생 총연합회에서 주최한 5·18 기념 찬양 및 기도회가 전국의 기독학생들의 연합으로 금남로 중앙교회에서 3시간 동안 진행되었습니다. 같은 시간, 중앙로 광주서현교회에서는 그리스도의 복음을 널리

전파하는 일꾼들이 전도훈련을 받고 있었습니다. 역사의 주인이신 하나님께서는 오늘의 한반도 시대 상황 속에서 우리에게 무얼 요구하고 계시는 것일까요?

올해 5·18 기념행사는 그 어느 해보다 의미 있고, 다채로웠습니다. 행사 추진 위원장 강신석 목사님은 다음과 같은 바람이 있었답니다. 김영삼 정부는 과거 정권과는 달리 5월 문제 해결에 상당히 다른 시각에서 해결의 의지를 나타내고 있으며, 광주시민의 일치된 바람 또한 5월 문제가 더 이상 역사 속에 실종되거나 정치적으로 악용되어 민족사적 해결이 미완으로 남은 데에 우려하며, 진상 규명을 비롯한 5월 문제의 역사적 해결이 이루어지기를 기대했습니다. 그동안 원천봉쇄와 최루탄 연기 속에서 공방전을 벌이며 한 맺힌 항거를 해오던 5월의 분위기와는 달리, 금남로 차 없는 거리에서는 사진전, 미술전, 걸개그림전, 거리굿 등 그날을 기리는 전시와 공연이 이어져 왔고 5월 놀이 한마당, 전야제, 국민대회 등을 통해 5월제는 추모와 더불어 그 정신 계승을 위한 결의에 가득 찬 시민들의 하나 됨을 보여주었습니다. 10만 가까이 운집한 시민들은 어느 때보다 가볍고 기대에 찬 모습이었습니다. 서로 쳐다만 보아도 왠지 좋은 마음이었습니다.

예수님을 믿고 사는 하나님의 백성들에 의해서도 많은 행사가 진행되었습니다. 한빛교회에서는 추모예배를, 남동성당에서는 추모미사를, 충장로교회에서는 세미나를, 그리고 중앙교회에서는 찬양 및 기도회를 개최하였습니다. 특히, 복음주의 기독청년 학생들의 전국적 연합으로 모인 5·18 기념 찬양 및 기도회는 5·18의 아픔과 왜곡이 치유되고 갈등과 모순을 극복하여 진정한 화해와 일치를 이루어내는 일에 우리 그리스도인들이 기도와 실천적 삶으로 동참할 것을 다짐하며, 평화와 공의가 넘치는 희년의 새 아침을 향한 힘찬 첫걸음을 내디뎠습니다. 이 땅에 희년의 아침을 열어 주의 뜻이 이 땅에 이루어지도록, 이 시대를 하나님께 맡기고 인류 역사의 주권자이신 하나님을 찬양하며 회개하고 기도하는 그리스도인들의 뜨거운 열기로 가득하였습니다. 해방 후 한국교회가 자체 정화와 식민 청산에 실패하여 지배 권력에 유착하거나 체제 안에 안주하여 한국 사회의 모순과 질곡을 외면하고, 이에 항거하는 5월 광주의 피에 침묵해 버린 과거를 명백히 회개하고, 일치와 화해의 사도로서 민족과 역사에 책임을 다하는 하나님의 교회로 거듭날 것을 다짐하고 호소하였습니다. 따라서 한국교회는 진상 규명과 피해자에 대한 목회적 치유에 능동적으로 나서야 할 것입니다. 역사에 침묵하고 방관하던 한국교회가 깊이 회개하고 민족과 역사의 질고를 지고 일치와 화해의 삶으로 통일의 시대를 열어가는 교회로 새롭게 태어나야 합니다. 공의와 사랑이 넘치는 하나님 나라의 실현을 위해 어떠한 고난도 무릅쓰고 불의와 불법에 항거하며 선교적 삶을 살고, 민족애로써 역사의 주체로 참여하여 역사 속에 살아계시는 하나님 앞에서 결의하였습니다.

우리가 또 하나 기억해야 할 것이 있습니다. 백성들의 눈물을 씻어 주시는 하나님을 믿는 한국교회가 백성들의 눈물이 마르지 않는 땅 이 한반도에서 백성들의 눈물을 씻어 주는 교회가 되어야 합니다. 그러면 교회가 백성의 한을 풀어주기 위해 백성들에게 줄 수 있는 것이 무엇입니까? 그것은 은금이 아니라 나사렛 예수 그리스도의 이름으로 희년의 기쁨을 누리게 하는 것입니다. 예수 그리스도의 복음을 그들에게 전파하여 죄악의 사슬에서 참된 해방과 자유를 누리도록 해야 합니다. 그리고 함께 나누는 구체적 실천이 한국교회의 그리스도인들에게 절실히 요구되고 있는 시대입니다. 우리는 그리스도의 십자가와 부활이 가져다준 구원의 은혜와 그 은혜에 반응하며 사는 순종, 그리고 믿음의 비밀을 증거하는 훈련과 서로의 삶을 용서하고 나누어 갖는 생활훈련도 필요합니다. 하나님은 만물을 창조하시고 주관하시며 우리 민족과 역사의 주인입니다. 우리를 성령으로 거듭나게 하시고 복음의 증인으로서 이 땅과 이 시대에 대해 책임 있는 복음의 일꾼으로 살게 하십니다. 1993년을 이 땅에 살아가는 우리는 복음을 증거하며 복음대로 살아가는 하나님의 사람이 되어야 합니다. 그렇게 살면 하나님의 살아 계심과 그 영광이 우리를 통해 이 시대 속에 더욱더 드러나게 되지 않겠습니까?

김영삼 정부의 개혁과 한국교회
1994년

지난 봄, 문민정부를 자처하며 출발한 김영삼 정부는 개혁의 소용돌이를 일으키며 한 계절을 보내고 어느덧 여름을 맞이하였습니다. 그동안 우리는 막연한 기대 속에서 새 정부의 개혁에 약간의 씁쓸함과 함께 고소함을 맛보았습니다. 그러나 지난 시대의 비리를 공개하는 것에 불과한 개혁 정책 속에서 일상의 삶에서는 고통 분담의 논리를 감내하는 한 철을 보냈습니다. 하나님의 백성이면서 동시에 시민의 권리를 갖고 이 땅을 살아가는 그리스도인들은 작금의 개혁에 어떻게 생각하고 어떻게 참여할 것인가요? 지난날 이 땅의 역사적 모순과 함께 세속화되고 왜곡된 한국교회가 먼저 개혁되어야 하지 않을까요? 그리고 그리스도의 십자가 앞에서 이 땅의 질고를 짊어지고 갈 한국교회는 하나님의 의를 이 땅에 심는 사회적 책임을 어떻게 감당해야 할까요? 하나님 앞에서 심각하게 고민하고 기도하며 구체적인 삶을 살아가는 것이 이 시대를 살아가는 그리스도인으로서 마땅한 신앙양심입니다.

새 정부 관료 등용에 따른 인사파동, 의원들의 재산 공개 파동, 대학입시 부정, 군부와 금융계까지 미친 사정한파, 슬롯머신과 카지노 등 도박 산업의 배후 구속수사 등 성역 없는 사정의 바람이 우리 시대의 구석진 곳을 들추어냈습니다. 이로 인해 의원직을 박탈당하거나 구속 중이거나 해외에서 떠도는 의원들만도 수 십 명에 이르고 있습니다. 과거에는 공공연한 것이었으나, 어쩌지 못한 것들이었습니다. 그러나 상식적으로 생각해도 그것은 개혁이라기보다는 감사나 사정 차원에서 부정과 의혹에 연루된 자를 처벌한 것에 그친 것이었습니다. 김영삼 정부는 문민정부를 기치로 내세우면서도 과거 정부의 연장선에서 벗어나지 못하고, 그 통치방식이 일방통행적인 하향식 권위주의적 요소가 농후합니다. 국민은 관람석에 앉아 구경이나 하며 고소해 할 뿐, 개혁의 삶을 실제로는 맛볼 수 없었습니다. 고통분담을 강조하며 정부 예산을 절약하는 등 신경제 이론을 내세웠으나, 재벌에 대한 정책의 미흡과 금융실명제의 연기 등은 경제개혁의 본질을 상실한 어처구니없는 일로 받아들여집니다. 재벌들은 아직도 정부에게 옛날과 다름없는 지원을 기대하고, 월급생활자들은 임금동결이라는 고통전담의 짐을 강요당하고 있습니다. 4·19와 5·16, 12·12와 5·18에 대한 정부의 공식적 입장도 새로워졌습니다. 하지만 우리의 삶을 왜곡시켰던 역사를 바로잡는 데는 너무나 피상적이고 미흡합니다. 민족의 염원인 통일에 대한 정책은 이인모 씨 송환을 제외하면 변화된 것이 없습니다. 국민들의 기대가 컸나 봅니다.

이러한 현상은 김영삼 정부의 지지세력이 그동안 어느 정도 기득권을 누리며 이 모양 저 모양으로 구시대의 부패에 연루되어 있다는 한계를 극복하기 어려웠기 때문일 것입니다. 현 정부의 개혁 주도세력이 곧 개혁의 대상이라는 한계 속에서는 한 사람의 결단으로 개혁이 마무리되기는 어려울 것입니다. 이제 개혁의 칼자루가 행정부에서 국민의 대표기구인 국회로 넘겨졌으면 합니다. 그리고 국민적 합의를 얻어낼 수 있는 성숙된 논의 구조가 형성되어 법적·제도적 개혁이 지속적으로 우리 사회를 맑고 깨끗하게 유지하는 발판을 제공했으면 합니다. 그 공동체의 법과 제도가 잘못되었을 때, 공동체 안에서 성실하게 일하는 개인이 과연 바르게 살았다고 말할 수 있을까요? 지난날 왜곡된 역사와 부조리한 제도 앞에서 개인의 양심이 얼마나 무참히 짓밟혔는지요, 심지어 신앙인들의 신앙양심마저도 얼마나 무디어졌는지요.

예수를 믿어 하나님의 백성이 된 신앙인들의 공동체(교회)는 이 시대를 어떻게 살았습니까? 물질적 이기주의 때문에 아직도 주일성수와 십일조 문제가 성도들의 신앙생활에 걸림돌이 되고 있습니다. 아직도 고등학생들은 주일에도 쉼이 없는 자율학습에 시달리고 있으며, 각종 공공 시험이 주일에만 시행되고 있습니다. 개인적 신앙양심으로는 도저히 감당할 수 없는 일들입니다. 교회가 개인적 신앙 결단만을 권면할 것인지 아니면 주일성수가 가능한 제도적 개혁을 촉구해야 하는지 무언가 신앙적 대책을 세워야 합니다. 모든 것을 땅의 것이라 여기고 이러한 신앙적 장애를 극복하고 승리하는 삶을 살도록 신자들을 잘 양육하든지, 비신앙적 사회제도와 풍토를 개선하여 연약한 신자들이 이런 문제로 시험에 들지 않도록 교회 공동체가 합심하여 기도하고 구체적인 사회 영향력을 미쳐야 합니다. 그러나 현시점에서 교회가 정부를 향해 개혁을 촉구할 수 있는 처지입니까? 오히려 현 정부가 교회의 자성과 스스로의 개혁을 촉구하고 있으니, 이거 어찌 된 일입니까? 교회와 성직자들의 재산 공개가 교계에서 여론화되고 있습니다. 교회와 성직자들의 재산이 교단 총회장 선거에 대한 의혹이 밝혀지면서 교회 정치를 위한 자금으로 사용되는 사례를 확인하였습니다. 구시대의 부동산 투기 풍토 속에서 교회의 이름으로 투기성 부동산을 확보한 교회들이 많습니다. 이러한 재산의 관리에도 많은 부조리가 발생하여 분열의 요인이 되곤 했습니다. 이런 모습들이 한국교회가 불신자들로부터 손가락질을 받고 있습니다. 교회를 통해 만인이 하나님을 경외하는 것이 아니라 오히려 교회 때문에 하나님의 이름이 모독을 당할 때, 양심이 있는 성도들의 공동체인 교회는 어떻게 해야겠습니까? 교회가 죄악된 구조 속에서 불행한 삶을 살아가는 이웃의 가난과 소외와 질고에 무관심하고 돌아보기보다는 공개를 꺼려 할 만큼 양적 성장과 물적 축적에 자신의 영적 힘을 쏟고 있을 때, 교회는 그 본질에서 벗어날 수밖에 없습니다. 이런 교회는 하나님의 의를 이 땅에 드러내기보다는 시대의 부조리를 자신도 모르게 재생산하는 기관으로 전락하게 됩니다.

　교회가 어떻게 해야 이 땅에 하나님의 공의를 하수같이 흐르게 하며 온 땅 위의 만민들이 여호와 하나님을 만군의 하나님으로 드높이며 그분을 영광되게 하겠습니까? 온 국민이 교회에 희망을 걸고 하나님 나라를 소망하며 이 시대가 깨끗하고 바르게 되는 참 개혁이 신나게 이루어지려면, 한국교회가 가진 그 영적 잠재력을 이제 어떻게 해야겠습니까? 먼저 한국교회에는 신자들의 비신앙적 삶과 교회의 안일과 세속화에 대한 철저한 회개가 있어야 합니다. 개인적으로, 전 교회적으로 그리고 전 민족적으로 새벽마다 밤마다 회개해야 합니다. 우리 민족의 죄를 자기의 죄로 여기고 하나님 앞에서 죄 고백과 더불어 죄 용서함을 받아야 합니다. 그리고 돌이켜 신앙양심을 지키는 처절한 희생이 우리 가운데 있어야 합니다. 그리고 교회는 민족을 하나님 앞으로 돌아오게 하는 대부흥운동과 더불어 성도를 신앙인격으로 성숙시키는 말씀 중심의 철저한 신앙훈련이 날마다 교회에 끊이지 않아야 합니다. 훈련된 신자만이 악의 세력을 물리치고 승리하며 하나님의 의를 드러낼 수 있기 때문입니다. 예배를 중심으로 강도 높은 신앙교육 프로그램이 주일뿐 아니라 매일매일 이어져야 합니다. 그리고 민족복음화와 세계선교에 대한 연합되고 일관성 있는 정책이 추진되어야 합니다. 성경을 해석하는 교리적 차이는 한 성령의 사역으로 중생되는 복음 전파에서는 얼마든지 극복될 수 있습니다. 교계 내부에서는 신학적 논쟁이 활발히 일어나고 그 견해 차이로 약간의 분열이 있을지라도 외부적으로 복음을 전파하고 선교하는 데 있어서는 하나 된 모습으로 나아가면 얼마나 좋겠습니까? 교단은 여럿이더라도 선교정책은 하나이었으면 합니다.

이렇게 훈련된 신자와 하나 된 교회가 그 힘을 가지고 한국 사회를 개혁하는 선한 영향력을 끼쳤으면 합니다. 한국 사회의 정치, 경제, 사회, 문화, 교육 등 모든 분야에 대한 성경적 재조명과 성경적 대안이 제시되고 논의되어 가야 할 것입니다. 이것이 비성서적이고 죄악된 구조 속에서 불행할 수밖에 없는 이웃들의 고통을 덜어주는 보다 적극적인 이웃사랑이며, 하나님의 의를 이 땅에 심어 하나님 나라를 준비하는 성도와 교회의 마땅한 삶이 아닐까요? 작금의 개혁을 바라보며 하나님 앞에서 기도하며 자신을 회개하고 교회를 바르게 세우는 신자의 삶을 생각해 봅니다.

1994년을 생각한다

새해가 되면 사람마다 다짐과 소망을 가집니다. 우리 신자들은 지난 한 해를 돌아보고 하나님께 감사한 일, 회개해야 할 일들을 손꼽아보며 하나님 앞에서 결산하고, 성경 말씀을 붙들고 새해 목표와 기도제목을 정하여 하나님 앞에서 서원하는 시간을 갖습니다. 1994년 새 아침에도 우리는 한결같으신 하나님의 그 큰 은혜와 예수 그리스도의 그 큰 사랑에 감사하며 자신의 삶 속에 성령의 인도하심을 간절히 간구합니다. 교회마다, 각 기관마다 결산과 함께 새해 목표를 정하고 사업을 계획하며 하나님의 풍성한 은혜를 간구하고 자신의 헌신을 다짐합니다. 새해를 맞으면서 우리는 무엇을 생각하며 어떻게 살아야 할까요?

먼저 기도로

먼저 우리는 지난날 나의 삶 속에 가지고 있었던 고질적인 잘못에 대해 솔직한 고백이 있어야 합니다. 하나님의 긍휼은 우리의 죄고백에서 시작합니다. 자기중심적이었던 죄악들을 철저히 회개하지 않고서 어떻게 하나님의 긍휼을 바랄 수 있겠습니까? 자신의 삶에 고통을 숨기고 나름대로 자기보호 전략을 가지고 지혜롭게 사는 것처럼 보이는 사람은 하나님의 크신 사랑과 은혜를 체험할 수 없습니다. 자신의 숨겨진 고통을 하나님과 교회 앞에 솔직히 드러내고 진리이신 말씀에 순종하는 신앙생활이야말로 자유와 평강을 누리는 비결입니다. 찌들고 피곤하며 메마른 우리의 신앙을 다시 회복하고 새 출발 하는 일은 하나님의 긍휼을 구하는 솔직한 자기고백과 회개로부터 시작됩니다. 먼저 기도로 시작합시다.

세상 가운데 선한 영향력을 끼치지 못하고 오히려 세상의 지탄을 받는 교회의 문제를 나의 죄로 여기고 하나님 앞에 통회의 기도를 합시다. 우리 교회가 온전하여 하나님 앞에서 건실하게 그 경건함과 순결을 지키고 있는지 의문을 가져야 합니다. 그리고 자기 문제로 솔직히 고백하며 기도해야 합니다. 느헤미야가 황폐한 예루살렘 성을 중건한 일도 자신의 죄를 자복하고 말씀에 근거하여 구체적인 기도로부터 시작합니다.

우리 민족이 분단된 지 이제 햇수로 50년이 되고 말았습니다. 그 분단 이후 외세와 독재의 억압 밑에서 남북이 모두 모순되고 왜곡된 삶을 살면서 안타까워하고 있습니다. 이것도 모두 우리의 죄에서 그 근본 원인을 찾아볼 수 있습니다. 이 민족과 이 시대를 생각하면서 먼저 하나님께 기도합시다.

전도부터 새롭게

복음을 가진 자는 복음을 증거하게 되어 있습니다. 빛을 가진 사람은 빛을 내게 되어 있습니다. 그리스도의 복음으로 구원받고 빛이신 예수님을 따라 살아가는 우리는 마땅히 자연히 전도하지 않을 수 없게 되어 있습니다. 그러나 오늘날 우리는 전도 불감증에라도 걸렸는지 전도에 대하여 심각하게 무관심합니다. 사탄은 현대사회를 누구나 바쁜 삶을 살게 만들었습니다. 일하기도 바쁘고 놀기도 바쁜 사회가 현대사회입니다. 항상 바쁘지만 별로 해 놓은 것이 없이 한해 한 해를 보냅니다. 그러다가 "내 인생 허무했네."라고 말하고 죽을 날을 맞게 됩니다. 이러한 현대인의 비참한 운명을 생각할 때, 우리는 언제 어디서나 틈 없이 전도인의 삶을 살아야 합니다. 이 세상에서 가장 기쁜 일이 무엇입니까? 생명이 태어나 자라나는 기쁨은 그 어떤 고통도 이겨내게 하는 능력이 됩니다. 한 사람을 전도하여 영적으로 거듭나게 하고 거듭난 삶을 통해 그 사람의 인격이 자라고 그의 삶이 성숙될 때 우리의 기쁨은 넘쳐나고 항상 생명력을 누리게 됩니다. 믿음이 식어버린 이유가 무엇일까요? 신앙생활의 참 재미를 맛보지 못하고 사는 이유가 뭘까요? 왜 이리도 사는 것이 피곤하고 힘들까요? 그것은 자신의 삶에 전도의 기쁨을 잊고 살기 때문입니다. 전도! 우리 삶에 관심의 초점이 되어야 합니다.

어떤 사람의 성숙은 바른 가르침과 헌신적인 섬김이 있을 때만 가능합니다. 어린아이는 부모님들의 바른 가르침과 눈물겨운 헌신을 먹고 자라나게 됩니다. 우리는 전도한 후 그를 하나님의 말씀 가운데로 인도하여야 합니다. 기적이나 체험에만 의존하는 신앙은 성숙하지 못합니다. 무언가 잘 되는 것 같으면 하나님의 축복이라 생각하고 은혜를 받았다고 하면서, 잘 안되면 신앙생활이 시들해져 버리는 초보 수준에서 벗어나야 합니다. 그러기 위해서는 자신의 삶을 하나님의 말씀에 의탁하는 신앙생활이 절실합니다. 나 자신의 삶과 교회 공동체의 삶 그리고 이 시대를 하나님 말씀에 부탁하고 그 말씀에 의지하여 순종하는 생활을 할 때, 내게서 전도를 받은 사람에게 참된 섬김의 도리를 하게 되는 것입니다. 그리고 그가 하나님의 말씀에 관심을 갖고 그 말씀에 순종하는 성숙이 가능하게 됩니다. 이러한 삶이 지속될 때 우리는 세상 속에서 신앙양심을 지키게 되고, 신앙인격으로 세상을 담대히 이기고 변화시키는 능력을 갖게 됩니다. 하나님 나라는 우리를 통해 세상을 향해 나타나는 복음의 빛으로 이루어져 가는 것입니다.

전하고 가르치고 섬기는 교회!

우리가 기도하고 하나님 앞에서 힘써 이루어야 할 과제입니다. 먼저 기도로부터 시작합시다. 전도에 새로운 관심을 가져 봅시다. 사람을 구원하고 사람을 길러내어 이 시대를 깨우치고 이 시대를 하나님 앞에서 바르게 섬기는 교회 공동체를 이루어 봅시다.

인천 세무비리와 지존 연쇄살인

1994년

올여름 유난히도 덥더니만, 하나님의 자연섭리에는 어쩔 수 없는지 시원한 가을이 성큼 다가왔습니다. 올 추석은 하나님께 감사하는 추석이었습니다. 명절 첫날 주일예배로 하나님께 경배하고 유난히도 풍요로운 추석을 가족 친지들과 보냈습니다. 그 어느 추석보다도 하나님의 은혜를 새롭게 하는 연휴였습니다. 하지만 이 가을에도 우리의 죄악은 낱낱이 드러나고 있어 우리에게 회개를 촉구하고 있습니다. 최근 한국 사회는 김일성 사후 주사파 논쟁과 외교정책 부재로 이념적 갈등과 위기의 시기를 맞이하고 있습니다.

그런 와중에 추석을 전후하여 우리는 충격적인 두 사건에 경악을 금치 못하고 있습니다. 인천 세무공무원들의 세금 횡령 사건과 지존파 일당의 엽기적 연쇄살인사건이 바로 그것입니다. 우리는 이런 사건들에 대해서 신앙적 안목을 가지고 판단하고 대안을 제시할 만한 관점을 갖추지 못했습니다. 그러나 하나님을 떠난 우리 사회의 비신앙적 문화가 이런 현상의 잠재적 원인이 되었다고 말할 수 있습니다. 경건한 신앙인들이 우리 시대를 돌아보며 이 시대를 살게 하신 하나님 앞에서 회개하는 심령과 신앙양심으로 이런 사건에 책임지는 삶을 살아야 할 것입니다.

인천에서 있었던 세금 횡령과 같은 공무원 비리 문제는 어제오늘의 문제가 아니라 예로부터 있어온 일입니다. 성경에서는 모든 권세가 다 하나님께로부터 난 것이고 하나님의 정하신 바라고 가르칩니다. 따라서 관원들은 하나님의 사자가 되어 우리에게 선을 이루는 자입니다. 그러므로 우리는 양심으로 인하여 그들에게 굴복하지 아니할 수 없습니다. 우리가 세금을 바치는 것도 관원들이 하나님의 일꾼이 되어 선한 일에 힘쓰기 위해서입니다. 그러나 하나님을 떠난 오늘날 한국 사회의 공직자들은, 심지어 주일마다 교회에 출석하는 자들마저도, 자신에게 주어진 권한이 하나님께로부터 온 것임을 믿지 않는 불신앙 속에서 자신의 공직생활을 하고 있습니다. 그렇기 때문에 백성들을 위해 하나님께서 정하신 권한을 선한 일에 사용하지 못하고, 백성들의 지탄을 받으며 사회 전체에 불신과 모순의 풍토를 자아내고 있습니다. 이들의 행위에 대해 하나님께서 보응하시겠지만, 한국교회도 하나님의 의를 이 땅에 드러나기 위해 예언자적 메세지와 함께 한국 사회 풍토의 변혁을 위한 성경적 대안을 제시하는 한목소리를 내야 할 때입니다. 신앙양심으로 사회를 개혁했던 종교개혁자 칼빈의 삶이 그리워집니다.

20대 초반의 젊은 영혼들이 이 사회 풍토에 대한 적개심을 자신의 음란성과 폭력성으로 드러내고 말았습니다. 그들의 잔인한 살인 행각에 대해 전 사회적으로 반성하고 그 책임을 자각해야 할 것입니다. 언제부터인지 우리 사회 속에는 상상을 초월하는 생활을 하는 부유계층이 존재하기 시작했고, 이 계층에 대해 막연한 불만과 피해의식이 생기면서, 사회적 위화감이 통제 불가능할 정도로 극심해졌습니다. 또한 이런 위화감이 불특정 다수에 대한 적대적 정서를 바탕으로 잔인성이 드러나고 있습니다. 한 영혼이 이렇게 되기까지 우리 사회풍토는 지대한 공헌을 하고 있습니다. 우리가 손쉽게 접하는 서적, 만화, 비디오 문화가 이 음란과 폭력에 지배당하고 있습니다. 그리고 이런 대중매체들이 우리 시대의 젊은 영혼들의 정서를 파괴하고 있습니다. 우리 속에 잠재된 죄악성을 은근히 부추기고 동경하게 하며, 음란과 폭력을 미화하고 정당화하는 언론매체들에 대책 없이 노출된 우리 정서는 어느새 그런 죄악의 노예가 되어 있는 것입니다. 우리 자식들이 가지고 있는 하나님의 형상이 음란서적과 폭력 비디오로 인해 이미 치명적 피해를 받고 있습니다. 이러한 대중문화에 대해 교회는 과연 어떤 대안을 갖고 있습니까? 우리 그리스도인의 거룩한 공동체인 교회가 막지 못하면 누가 막을 수 있겠습니까?

하나님의 형상을 가진 인간이 하나님을 떠난 후, 죄의 종노릇 하며 얼마나 극도로 범죄를 저지르는지 우리는 성경을 두세 장만 넘겨보아도 알 수 있습니다. 친형이 친동생(아벨)을 살해하고, 형들이 집단으로 동생(요셉)을 죽이려다가 노예로 팔아먹고, 윤간 당해 죽은 첩의 시체를 토막 내어 열두 지파에게 보내는 사건 등, 성경은 하나님을 떠난 인간이 저지를 수 있는 잔인성과 그 부패를 잘 보여주고 있습니다. 그리고 죄로 인해 파괴된 이 모든 것을 회복하시는 하나님의 구속 경륜을 너무도 분명하게 가르쳐주고 있습니다. 그 분명한 가르침을 믿고 사는 그리스도인들이 자신의 주변에 드러나 있는 죄악들을 개혁해 보려는 아무런 의지가 없다면, 하나님 나라의 백성이라 일컬음을 받을 수 있을까요?

선교! 교회 공동체가 가야 할 길
1994년

지난 10월 31일은 1517년 루터가 로마 가톨릭에 대해 95개조 반박문을 내걸고 종교개혁을 시도한 지 477주년이 되는 날입니다. 종교개혁 500년을 바라보며, 무엇을 꿈꾸며 무엇을 해야 할 것인지, 깊은 고민을 해보는 것이 자연스러울 것 같습니다. 우리가 믿고 사는 하나님의 말씀과 그의 영이 인도하심 따라 깊은 묵상에 잠기며, 하나님 나라와 교회의 비전을 볼 수 있었으면 합니다.

종교개혁을 맞이하면서, 우리는 우리의 현실을 돌아보며 먼저 하나님께 감사하고 또한 회개하는 공동체적 고백이 필요합니다. 종교개혁을 통하여 우리는 가톨릭교회의 전통과 제도로부터 해방되었습니다. 오직 개인의 신앙적 결단을 통해, 예수 그리스도의 구속의 은혜를 믿음으로, 담대히 하나님 앞에 나아가 예배하고 그 말씀에 순종하고 그 뜻에 따라 살아가는 신앙의 순수성을 되찾게 됩니다. 그래서 우리는 율법뿐만 아니라 법과 제도에도 메이지 않는 참 자유를 그리스도 안에서 누리게 되었습니다. 따라서 당시 꽃피우고 있던 르네상스 운동이 고대 그리스 로마의 인본주의적 사고방식으로 돌아가는 것이었다면, 종교개혁운동은 순수했던 초대교회의 신앙으로 돌아가자는 하나님 중심의 개혁주의적 신앙운동이었습니다. 성령강림절 이후 초대교회는 만민에게 복음을 전파하는 선교공동체 그 자체입니다. 하나님께서 친히 그 나라를 이루어 가시는 그 놀라운 구속 역사 가운데, 2000년 전 초대교회를 세우시고, 500년 전에는 종교개혁을 통해 교회를 바로 세우셔서 오늘에 이르게 하심을 감사하지 않을 수 없습니다. 그 구속 역사 가운데 우리를 쓰시려고 교회를 세우시고 우리를 신앙으로 훈련하고 계심을 생각할 때 얼마나 감사한지요.

한국교회가 설립된 것은 초대교회로 돌아가자는 종교개혁의 전통을 이어받은 칼뱅의 청교도적 정신에 입각한 것이었습니다. 하지만 이 시점에서 우리는 그 지난 한 역사에 비추어 너무나 연약한 우리 모습에 회개하지 않을 수 없습니다. 한국교회는 가야 할 방향에 대해 안팎으로부터 새로운 기대와 요구가 있어 왔습니다. 이런 기대와 요구에 대해서도 공동체적 대안을 마련하지 못하고 있습니다. 우리의 영적 무지와 교만 그리고 게으름 때문이 아닐까요? 하나님께 회개해야 합니다. 우리가 회개할 때 하나님께서 우리를 고치실 것입니다. 그리고 말씀의 지혜와 성령의 인도하심을 따라 우리 교회의 갈 바를 찾아 나아 갑시다.

그러면 어찌해야 할까요? 우리는 종교개혁의 전통과 교회 설립의 정신으로 다시 돌아가 생각해 볼 필요가 있습니다. 종교개혁은 초대교회의 순수한 신앙으로 돌아가자는 것이었습니다. 초대교회는 그리스도의 복음을 온 세상에 전파하는 증인들이었습니다. 우리 죄를 대신하여 십자가에 죽으시고 다시 부활하신 예수님, 그분의 지상명령인 선교사역에 순교자적 정신으로 설립되어 그 사명을 충실히 감당한 교회들이었습니다. 베드로가 그러했고, 바울이 그러했으며, 예루살렘교회와 안디옥교회를 비롯한 모든 교회가 선교의 전진기지였다는 것을 성경은 분명하게 보여줍니다. 그 이후 20세기 초에 바로 이 선교 정신에 의해 우리 교회가 세워져서 그 사역을 잘 감당했을 것입니다. 하지만 오늘날 우리 교회가 세계를 향한 선교의 전진기지로 자처할 수 있는지 심히 부끄럽지 아니할 수가 없습니다.

보다 적극적인 선교정책의 마련을 위한 논의가 활발히 전개되어야 할 것입니다. 몇 가지 제안을 합니다.

첫째, 세계선교와 농촌선교를 위한 자료를 확보하여 성도들에게 기도제목을 제공하고, 보다 헌신적인 관심을 불러일으켜야 할 것입니다. 후원하고 있는 농촌교회와 선교지역에 대한 실정을 알고, 보다 구체적으로 그 지역을 위한 기도를 부탁해야 할 것입니다. 적어도 섬기는 선교지역의 현장 사진이나 선교사 가정의 기도제목, 그리고 농촌교회와 담임목회자 가정의 사진과 기도제목 정도는 전교인에게 어떤 방식으로든지 일목요연하게 홍보가 되어야 합니다. 한걸음 더 나아가 이쪽 동아시아 지역에 미전도 종족들에 대한 전문적 자료를 제공하고 전교인이 분담하여 한 종족을 위해 평생을 두고 기도하는 가정들을 확보해 가야 합니다. 하나님께서 한국교회를 부흥하게 하심은 무엇 때문일까요? 동아시아 지역에 17억이나 되는 미전도 종족이 예수 그리스도의 이름을 한 번도 들어보지 못하고 있다는 사실, 그리고 한반도 지역의 농촌마을과 섬마을 중에 교회가 없는 마을이 수백에 이른다는 사실이 그 뜻을 깨닫게 해주고 있습니다.

둘째로, 세계선교에 꿈을 꾸고 선교사역을 구체적으로 준비하는 하나님의 일꾼을 길러낼 수 있도록 선교사 파송 준비체제를 갖추어야 합니다. 전문 선교훈련과정에 위탁을 해서라도 많은 젊은이들이 선교사 비전을 갖고 훈련받을 수 있는 제도적 배려가 필요합니다. 유치부에서 대학부에 이르는 주일학교가 선교에 대한 비전을 갖게 하는 교육을 실시해야 하며, 청년회 이후 모든 자치기구가 특정지역의 한 종족의 복음화를 위해 지속적으로 선교사를 파송하는 선교기관으로 개편되어 가는 것이 바람직하지 않을까 생각합니다.

셋째, 선교는 선교사 혼자서 하고 전교인은 선교후원자로 남는 것은 지극히 소극적인 형태의 선교 방식입니다. 한국 선교 초기에 다양한 형태로(병원, 학교 등) 복음 역사를 감당한 선배 선교사들의 전통을 되살려 전문 선교사를 중심으로 의료선교, 기술 선교, 교육선교 등 한 종족을 지속적으로 종합적으로 섬기는 팀 선교 체제를 시도해 보아야 합니다. 어떤 기술을 가진 성도, 또는 의사, 간호사, 약사 경력이 있는 성도가 몇 달 동안만 또는 한 일 년 정도 단기적으로 그 지역에 가서 선교사역을 돕고 돌아와 국내에서 자신의 일을 다시 감당해 나가는 단기선교전략도 한 지역에 집중적으로 투입된다면 굉장히 효과적인 선교전략이라 생각합니다. 한 종족을 맡아 이렇게 종합적으로 선교를 감당하는 전략이 한 교회에서 시작되어 또 다른 교회가 다른 종족을 맡고 또 그렇게 하고 하여 한국교회 전체로 확산된다면, 한국교회는 하나로 유기적인 선교 체제를 이루어 세계선교를 위해 귀하게 쓰임 받게 될 것입니다. 교회가 보다 구체적으로 이 일을 준비하며 헌신적으로 감당해야 합니다. 또한 적극적인 선교정책이 요구됩니다. 이 좁은 길이 교회가 사는 길이요, 한국교회가 활로를 찾아갈 수 있는 길입니다.

그리스도인은 직업이 무엇이든지, 근본적으로 전도인의 사명을 감당하며 선교사적 사명을 감당해야 합니다. 주께서 우리에게 마지막으로 하신 말씀에 순종하는 결단이 우리에게 요구됩니다.

예수께서 나아와 일러 가라사대 '하늘과 땅의 모든 권세를 내게 주셨으니 그러므로 너희는 가서 모든 족속으로 제자를 삼아 아버지와 아들과 성령의 이름으로 세례를 주고 내가 너희에게 분부한 모든 것을 가르쳐 지키게 하라 볼지어다 내가 세상 끝 날까지 너희와 항상 함께 있으리라' 하시니라.

날마다 기도, 달마다 선교후원, 해마다 단기선교! 그리스도 예수께서 이루실 하나님 나라를 준비하는 구속 사역에 쓰임 받는 교회 공동체는 무엇보다도 복음 증거를 통해 모든 사람을 복음의 일꾼으로 삼아, 세상을 개혁하고 땅 끝까지 복음이 증거 되도록 선교하는 교회입니다. 세기말의 말세 징조가 나타나고 있는 이 시대에서 21세기를 향하는 교회 공동체에 그것을 요구하고 있습니다. 하나님의 구속 경륜 가운데 우리 교회의 갈 길을 여기에서부터 찾아가 봅시다.

그리스도인들을 생각하며

1995년

　지난여름! 그 혹심했던 무더위와 가뭄은 교만한 이 시대의 사람들에게 주는 하나님의 경고였습니다. 인간의 한계를 깨닫고 겸손히 하나님을 찾게 하는 하나님의 은혜였습니다. 성수대교의 붕괴는 부조리한 우리 사회의 기초를 뿌리째 무너뜨리는 것이었습니다. 거기에 일격을 가하는 아현동 가스폭발사건은 하나님의 경고에도 끄떡하지 않는 우리 사회의 무감각에 대한 또 다른 경고였습니다. 곳곳에서 터진 세금 도둑 사건은 더 이상 기대를 가질 수 없는 암담한 정서를 우리에게 심어주었습니다. 기독교적인 것 같은(?) 문민정부는 이승만 정권이 가져다준 것보다 더 큰 좌절감을 우리에게 가져다주고 있습니다. 그래도 우리에게는 역사의 주관자이신 하나님, 끝내 하나님의 구속 역사를 온 땅에 실현하실 예수 그리스도의 복음이 있기에 아직도 소망은 있습니다. 이 소망에 기대어 우리는 이 땅에서 그리스도인으로 살아가는 것입니다.

이러한 한국 사회의 암담한 현실과 우리 기독 공동체에 허락하신 하나님의 은혜가 대조적으로 교차하는 상황은 우리 그리스도인들이 가야 할 길을 어느 정도 가늠하게 합니다. 먼저 하나님의 일에는, 하나님이 택하여 훈련한 하나님의 사람이 필요합니다. 자원하는 마음으로 헌신된 전문적인 일꾼들이 우리 공동체의 구성원이어야 합니다. 그리스도인은 단순하게 하나님 나라를 후원하는 자가 아닙니다. 하나님 나라를 누리며 사는 하나님의 백성이요, 하나님의 통치를 이 땅에 실현해 나가는 하나님의 일꾼입니다. 그렇게 살도록 우리를 보호하시고 인도하시며 지혜와 능력을 허락하시는 하나님의 자녀입니다. 우리가 이러한 사명을 감당하는 것은 하나님의 소명이기 때문이고, 이런 동역자를 얻기 위해 복음 역사를 이루어가는 것입니다.

지난해 여름 그 무더위 속에서도 우리 하나님은 이 땅에 '선교한국 94대회'를 허락해 주었습니다. 이 대회는 한국교회와 여러 선교 주체들이 세계복음화를 위해 총체적으로 협력하고 헌신을 도모하여 세기말에 폭발적 선교운동의 물결을 이루는 계기가 되었습니다. 이 물결은 2000년이 되기까지 남아있는 미전도 종족 모두에게 선교한국이라는 수문을 통해 한국교회의 잠재력 있는 선교 역량을 온 세상에 내보내는 선교 올림픽이었습니다. 우리도 이제 2000년을 바라보며 새로운 선교의 지평을 넓혀 가야 합니다. 동아시아 지역만 돌아보아도, 17억이나 되는 미전도 종족이 예수 그리스도의 이름을 한 번도 들어보지 못한 복음의 사각지대가 바로 우리 옆에 있습니다. 미전도 종족에 대한 구체적인 자료를 가지고 한 가정이 한 종족을 위해 집중적으로 기도하고 섬기는 일과 전문적인 선교 사역자를 양성하여 종합적으로 섬기는 팀 선교전략을 시도해 보아야 할 것입니다. 또한 우리가 가진 전문성을 기초로 한 종족에 대해 단기선교를 집중적이고 지속적으로 감당해 나가는 것도 효과적일 것입니다. 각 직업별 등 기독 공동체 여러 형태의 모임이 선교회 체제로 강화하여 각각 한 종족을 맡아서 평생 섬겨보는 것도 좋은 전략이라 할 수 있습니다. 이것이 우리를 말씀으로 훈련시키신 하나님의 은혜에 합당한 일이요, 우리 공동체를 이루어 주신 하나님의 섭리에 순종하는 일이라 생각합니다. 이런 일을 감당하기 위해 교회가 국내 개척과 해외 선교를 위한 구체적인 일을 할 수 있도록 해야 할 것입니다.

우선 지속적이고 집중적인 기도부터 시작합시다. 혼자 하지 말고 공동체적 동역의 기도를 이루어 봅시다. 새해에는 통일 한국과 세계화를 여는 원년이라고 합니다. 성서한국과 선교한국을 바라보며 보다 구체적으로 공동체를 섬기고, 일구어 갑시다. 복음 역사를 우리 그리스도인들이 주체적으로 감당하여 젊은 일꾼을 길러내고, 자신이 속한 세상에서 보다 구체적으로 성서한국을 만들어 갑시다. 이것이 통일을 준비하고 세계화로 가는 길이며, 하나님 나라의 실현을 위해 사는 그리스도인의 신앙 표현이지 않나요?

나는 연약하나 하나님이 우리의 능력이 되시고, 성경이 구체적인 지혜를 우리에게 허락해 주고, 성령께서 친히 인도해 주실 것입니다. 그리고 우리에게는 기독 공동체의 동역이 있지 않은가요?

1995년을 생각하며

1994년이 가고 새해가 왔습니다. 지난해 유난히도 떠오르는 것이 많습니다. 그만큼 하나님께 회개하고 간구해야 할 것들이 많았던 한 해였습니다. 새해를 맞이하여 우리 사회의 현실 속에서 우리 그리스도인들이 무엇을 해야 할 것인지, 지난해를 서로 돌아보며 함께 지혜를 구해야 할 것입니다.

끔찍했던 살인 사건들의 연속은 인간이 얼마나 부패할 수 있는지를 보여주고, 모순적인 사회 속에서 우리의 죄악성이 어느 지경까지 우리를 타락하게 하는지를 가르쳐 주었습니다. 그리고 교회 공동체가 신앙양심으로 이 시대의 선한 양심들을 일깨워 나가야 한다는 과제를 부여해 주었습니다.

그래도 우리에게는 역사의 주관자이신 하나님, 끝내 하나님의 구속 역사를 온 땅에 실현하실 그리스도의 복음이 있기에 아직도 소망은 있습니다. 이 소망에 기대어 우리는 이 땅에 복음을 전파하며, 하나님의 의를 실천하는 교회 공동체를 이루고 사는 것입니다. 이제 하나님께 드려진 우리의 헌신과 교회 공동체를 통해서 우리는 살아 계신 하나님의 역사를 보게 될 것입니다. 이곳에서 많은 사람이 죄 사함 받고 중생하는 역사를 보게 될 것입니다. 예수 그리스도의 인격과 삶을 잘 배워 사람들의 인격이 변화되는 모습도 보게 될 것입니다. 온 땅에 복음을 증거하는 선교적 헌신을 보게 될 것입니다. 말씀으로 훈련받아 성숙된 신앙인격으로 세상을 변화시키는 그리스도인의 삶을 보게 될 것입니다. 이들은 이 땅에 하나님 나라의 의를 심으며 그리스도의 다시 오심을 준비하는 하나님의 공동체를 누리며 소망 가운데 살아갈 것입니다.

지난해 한국 사회의 암담한 현실 속에서도 하나님은 우리 공동체에 이러한 소망과 은혜와 축복을 허락하셨습니다. 이 은혜를 생각할 때 우리 교회가 새해에 가야 할 길이 무엇인지 어느 정도 가늠하게 합니다.

분단 50년에, 통일한국을

우리는 훈련된 하나님의 일꾼이 되어야 합니다. 교회의 모든 성도는 자원하는 마음으로 헌신된 일꾼이 되어야 합니다. 성숙된 그리스도인으로서 자기 분야에서 성경적인 가치관을 가지고 일하는 전문인이 되어야 합니다. 이렇게 되도록 각 가정에서, 각 교회에서, 그리고 다양한 계층에 말씀 중심의 교육이 체계적으로 이루어져야만 합니다. 말씀으로만 사는 신앙인이 되려면 말씀을 체계적으로 배워야 합니다. 이 일은 그 어느 일보다 소중하기 때문에 가장 좋은 시간을 드려야 합니다. 다른 일은 서로 분담하여 서로 섬기면 되지만, 말씀 공부만은 누가 대신할 수 없는 신앙인의 필수적인 훈련과정입니다. 하지만 실제로는 소홀하지 않습니까? 여러 가지 직분으로 봉사하는 것은 기쁨으로 감당하면서도, 자신이 성경공부로 훈련받는 시간을 아까워하는 것 같습니다. 우리가 먼저 말씀에 열정을 가지고 성경공부에 시간을 드려야 할 것입니다. 그러면 교회에서도 다양한 훈련을 제공할 것입니다. 말씀을 읽는 훈련, 말씀을 묵상하는 훈련, 말씀을 전파하는 훈련, 말씀을 가르치는 훈련, 다양한 삶의 영역에서 말씀에 순종하는 훈련 등을 교회는 성도들에게 제공하고 성도들은 기쁨으로 감당해야 합니다. 그러면 우리의 인격과 삶이 세상을 변화시키는 힘을 갖게 되고, 교회가 세상의 빛이 될 수 있습니다. 교회가 한국 사회를 바르게 섬기고 이 땅에 하나님의 의를 실현하는 지름길이 바로 이것입니다. 하나님이 교회를 세우신 이유가 여기에 있지 않을까요?

세계화 시대에 선교한국을

또한 올해는 WTO 체제가 출범하면서 세계의 질서가 재편되는 해입니다. 세계화! 거역할 수 없는 흐름입니다. 세계선교에 새로운 전환점을 여는 기회를 하나님은 세계사적 흐름을 통해 한국교회에 부여하신 것입니다. 한국교회의 잠재력 있는 선교 역량을 통해 선교의 새로운 지평을 넓혀 가시려고 하나님께서 역사에 개입하신 것입니다. 17억이나 되는 동아시아의 미전도 종족에 대한 하나님의 사랑을 우리 한국교회가 증거해야 합니다. 이 중에는 1억이 넘는 일본인들이 하나님을 전혀 알지 못한 채 우상과 물질주의의 노예가 되어 살아가고 있습니다. 이들에 대한 하나님의 경고가 세계화가 시작되는 첫해의 한 달이 채 가기 전에 엄청난 재난으로 나타났습니다. 세계의 주목이 집중되고 있습니다. 세계선교의 첫 관문이 가장 가까운 일본이기에 하나님은 광복 50년을 맞는 이 해의 벽두에 그들에게 관심을 갖게 하십니다. 풍요로운 물질문명이 하나님의 위대하심 앞에 얼마나 무력한 것인가를 깨닫게 하시고, 복음 정신으로 한국교회가 일본을 용서하고 복음을 그들에게 주어, 그들이 회개하고 하나님께로 돌아오도록 하는 사명을 우리에게 주시는 것입니다. 이 일을 우리가 먼저 기도하고 우리 교회에서부터 시작했으면 합니다.

CATV에 대응하는 길

1995년

자동차의 발명으로 사람들은 엄청난 자유와 기동성을 누리고 있습니다. 자동차는 인간에게 시간과 공간의 제약을 줄여 주었습니다. 걸어서 한 달 걸리던 곳을 단 몇 시간에 갈 수 있습니다. 타임머신이 따로 없습니다. 통신의 발달은 이러한 효과를 한층 더 높여줍니다. 교통과 통신 수단의 발달은 우리에게 편리함과 경제성을 보장해 주었습니다. 그리고 우리는 이것을 인류 역사의 발전이라 하고 행복의 조건이라 착각하며 살고 있습니다. 과연 이러한 편리함과 풍요로움이 우리에게 진정한 행복을 가져다주고 있는 것인가요?

최근 우리는 컴퓨터와 유선방송이라는 새로운 미디어에 엄청난 영향을 받습니다. 그동안 단순한 활자매체에 의존한 간접경험과 정보축적보다는, 빠르고 방대한 정보처리능력과 디지털기술의 발전에 힘입어 인간의 감각을 총동원하여 실감 나게 하는 멀티미디어 시대가 가까이 와 있습니다. 가상현실의 체험이 가능한 시대가 바로 우리 시대입니다.

우리 그리스도인은 이러한 변화에 어떻게 대응해야 할 것인가? 먼저 과학기술의 발달이 진정 인류에게 행복을 가져다주었는지 검토해야 합니다. 14인치 TV를 보다가 21인치 TV나 평면 브라운관 TV를 본다고 과연 인류의 행복이 증진되었는가? 물론 편리해지고 감각적 만족은 향상되었습니다. 하지만 이것을 행복이라 할 사람은 없습니다. 그러나 많은 그리스도인들이 이러한 것을 집안에 들여다 놓아야만 잘 사는 것 같은 허구에 빠져 있습니다. 이러한 허구에 빠지게 되면 우리는 필연적으로 우리가 가져야 할 궁극적인 관심, 하나님에 대한 관심으로부터 멀어집니다. 사탄이 이 시대에 이러한 허구를 통해서 무엇을 얻으려 하는지 우리는 폭로해야 할 책임이 있습니다.

물론 이러한 것들 자체가 악한 것은 아닙니다. 하나님께서 인간에게 이성적 능력을 허락하셨고, 인간이 그 능력을 발휘하여 새로운 것을 발명하고 발전시켜 편리하고 풍요로운 삶을 얻게 되었다는 면에서 과학기술은 하나님께서 인류에게 주신 축복입니다. 그러나 하나님을 인정하지 않고 인본주의적 경향을 짙게 내포하고 있는 현대 사회는 그 축복을 통해 저주스러운 삶을 살아갈 가능성을 가집니다. 새로운 영상미디어를 지배하고 있는 폭력성과 음란성이 바로 그 증거입니다. 아담의 범죄 이후로 인류는 이성을 통해 하나님을 부정하려는 노력을 해왔고, 과학기술을 악용하여 자연과 인간을 파괴해 왔습니다. 따라서 우리는 테크노피아의 환상도 경계해야 할 뿐만 아니라 과학기술이 사탄의 도구가 되는 것도 경계해야 합니다.

이제 CATV는 켜기만 하면 엄청난 정보와 문화가 우리에 영향을 줄 것입니다. TV를 통해 주어지는 정보와 문화에 주체적으로 대응하는 자세가 필요합니다. 여기서 주체적이란, 그리스도인 다운 대응을 말합니다. 그러면 우리는 어찌해야 할까요? 먼저 TV에 속지 않는 교육이 요청됩니다. TV을 통해 일방적으로 각인되는 광고(품질보다는 상표)에 더 이상 속지 말아야 합니다. TV의 상업주의(시청률 올리기) 드라마가 심어주는 가치관에 더 이상 자신의 관심을 빼앗겨서는 안 됩니다. 그리고 우리는 TV 프로그램을 선택하는 가치 능력을 갖추어야 합니다. 우리의 얄팍한 감각을 자극하고 시간적 낭비를 조장하는 프로그램을 단호히 거부하는 선택권을 누릴 수 있어야 합니다. 이제 더 이상 심심풀이나 기분전환을 위해 TV 앞에 앉아 시간을 낭비하는 어리석은 사람이 되어서는 안 됩니다. 앞으로 첨단 미디어 시대를 살아야 할 우리 자녀들에게도 이러한 훈련이 절대적으로 필요합니다. 교회는 자라나는 세대들이 누리는 문화에 관심을 가지고 그것에 대응하는 힘을 길러주어야 합니다. 또한 기독교 세계관을 기초로, 하나님을 드높이며 인간의 삶의 질을 향상시키는 프로그램을 제작할 수 있는 창조적 능력을 갖춘 하나님의 일꾼을 길러내는 일도 매우 중요합니다. 우리를 지배하려는 문화적 세력에 대항하는 힘이 없다면, 그리고 이에 대응할 만한 준비를 하지 않는다면, 엄청난 허구와 유혹 속에서 사탄의 의도대로 살아갈 수밖에 없는 우리의 연약함을 어떻게 극복할 수 있겠습니까?

한국교회의 성장과 연합
1995년

한국교회는 영적 부흥과 양적 증가로 크게 흥왕하는 축복을 누리고 있습니다. 선교 초기 믿음의 선진들이 피 흘린 순교의 열매를 오늘날 우리가 누리고 있는 것입니다. 그러나 요즈음 한국교회는 여러 방면에서 다양한 위기의식이 고조되고 있습니다. 아울러, 회개와 반성의 목소리도 높아가고 있어서 다행입니다. 이와 함께 한국교회가 받은 축복을 나누는 구체적인 대안까지 마련하여 이를 감당한다면 우리는 세상 가운데 선한 영향력을 끼치게 될 것입니다.

지난 50년 동안 한국교회의 기하급수적인 성장은 교회사에서 그 유례를 찾아보기 힘들 정도였다는 평가를 받고 있습니다. 물론 이러한 양적 팽창에는 많은 문제도 안고 있습니다. 외형적으로만 커가는 교회, 물질 지향적 교회, 갈라지는 교회, 역사에 책임지지 못하는 교회, 축복 지향에 치우친 교회, 실질적인 삶의 문제와 무관한 신앙, 감정에 치우치는 신앙 등의 모습을 지적하기도 합니다. 이제 진정한 성장을 통하여 성도들의 삶 자체가 신앙적 활동이 되기 위해서는 '말씀에 견고히 서는 교회'가 되어야 합니다. 성경을 배워서 그 말씀을 통해 우리 가운데 신앙과 구원을 깨닫게 하시는 예수님에 대해 인격적인 확신 속에서 교회는 자라나는 것입니다. 부흥 설교를 통해 일시적으로 기쁨을 얻는 감정적 신앙에서 한걸음 더 나아가, 성경에 대한 깊은 연구와 묵상 그리고 행함을 통해 말씀에 의지하는 지성과 의지적 결단으로 성장해가야 합니다. 그랬을 때 교회는 이 세상의 빛과 소금이 되어야 한다는 말씀을 잘 감당할 수 있을 것입니다. 우선 우리 신자의 삶 속에, 교회의 활동 속에 신앙인격과 신앙양심이 정착되어야 합니다. 나아가 한국의 사회구조와 문화 풍토 속에 성경의 기본적인 가치관이 심어지도록 해야 합니다.

이렇게 험난한 세상에서 선한 영향력을 발휘하려면 이제 한국교회가 '하나 되는 교회'로 연합하므로 보다 성숙해져야 합니다. 전에는 종교적 허위의식에 벗어나지 못하고 편협하게 유아적 태도를 취하여 교파 간에 배타적인 모습을 보임으로써 한국교회의 성도들이 많은 상처를 입었고, 불신자들에게마저도 신랄한 지탄을 받곤 하였습니다. 하지만, 요즈음에는 예수님을 그리스도로 고백한 주의 몸 된 교회들이 서로를 존중하고 용납하며 공동사업을 추진해가는 분위기로 전환되어 가고 있습니다. 1980년대 통일찬송가는 값진 열매였습니다. 기독교 유선방송, 기독교적인 시민운동 등에 연합하는 분위기가 고조되고 있습니다. 이런 작은 것에서부터 예수님을 구주로 고백하는 신앙 속에서 하나가 되도록 기도부터 해야겠습니다.

우리 신자들은 나를 위한 신앙에서 벗어나야 합니다. 교파의 아집에서 탈피하여 남을 위한 교회가 되어야 합니다. 더 이상 지교회주의에서 벗어나, 교회 내적으로는 농촌교회를 돌아보고, 외적으로는 소외된 자들을 돌아보는 것이 마땅한 것입니다. 남을 위한 교회, 사회를 위한 교회를 지향하여, 종교적 이기주의를 극복하고 그리스도적 이타주의 정신을 실천해야 합니다. 이런 신앙적 사업에 교회가 공동으로 연합한다면, 농촌교회의 부흥과 통일시대에 대비한 선교정책 등에 공동으로 참여하고 동역하는 일에서도 우리는 하나 되는 기쁨을 맛보게 될 것입니다.

지방화 시대에 걸맞게 교회는 지역사회에 선한 영향력을 통해 그 지역사회에 대해 책임을 져야 합니다. 그랬을 때 교회는 영적 권위를 나타내고 만민이 하나님께 영광을 돌리는 것이 가능하게 됩니다. 또한 도시교회가 그 지역 농촌과 농촌교회에 대해 빚을 갚는 심정으로 돌보아야 합니다. 세계화 시대는 우리 한국교회가 통일시대를 대비하고 동아시아 선교를 책임지는 사명을 부여하고 있습니다. 이러한 시대적 요청을 감당하며 종말의 시대를 사는 한국교회는 말씀에 견고히 서서, 서로 하나 되는 성숙함을 이루어가야 할 것입니다. 청포도가 익어가는 이 7월에는 다른 것 다 제쳐 놓고 이 일을 위해 기도합시다.

오늘의 현실과 그리스도인의 자세
1995년

해방 이후 지난 50년 동안 한국 사회는 남북 분단이라는 모순 구조 속에서 역사적 소용돌이를 겪고 있습니다. 지방자치와 세계화 시대를 열어가는 시점에서 우리 크리스천들은 어떤 시각으로 현실 정치를 봐야 하는지, 현실 정치의 실체인 국가권력에 대해 어떤 태도를 취해야 하는지 심히 혼란스러울 뿐입니다.

한국 사회의 현실은 안타까울 정도로 많은 모순과 부조리를 갖고 있으나, 이미 문민정부는 개혁의 한계를 드러냈고, 한국 정치는 더 이상 기대할 것 없는 무기력함을 나타내고 있습니다. 이번 지방선거에서도 각 정당이 후보를 내세우는 과정에서 이루 말할 수 없는 실망들을 가져다주었고, 우리 국민들은 어쩔 수 없는 선택을 할 수밖에 없었습니다. 그리고 또 무너졌습니다. 서울의 아현동과 대구의 가스폭발, 성수대교가 무너졌고 이번에는 백화점도 무너졌습니다. 우리의 희망도 무너져 갑니다. 곳곳에 자리한 무사안일과 부실이 이제는 우리의 생존을 위협하고, 어디에 있으나 안전을 보장받지 못하는 불안감 속에서 우리의 희망을 앗아가고 있습니다. 지존파와 김성복 교수의 반인륜적인 사건들은 되새기고 싶지 않을 정도로 우리를 경악과 절망감에 휩싸이게 합니다. 출세지향과 물질만능, 그리고 향락에 휩싸여, 우리 사회는 참된 가치와 희망을 그 어디에서도 찾을 수 없습니다.

이러한 때일수록 우리 크리스천들은 역사를 주관하시는 하나님을 굳게 믿고, 우리의 죄악과 불의를 위해 십자가를 지신 예수 그리스도 앞에 나아가 회개와 결단의 시간을 가져야 할 것입니다. 그리고서 말씀과 성령이 인도하시는 대로 이 세상을 바르게 바라보고, 변혁을 위한 구체적인 지혜를 얻어, 이 땅에 하나님 나라를 준비하는 빛과 소금의 선한 영향력을 나타내는 삶을 살아야겠습니다.

우리 시대의 현실이 암담하고 안타까울수록, 진리의 복음을 가진 교회와 그리스도인들이 각 분야에 미쳐야 할 선한 영향력은 절실합니다. 어떻게 보면 우리 그리스도인들이 이 시대의 마지막 소망일 수도 있습니다. 이러한 절박감 속에서 성경이 우리에게 가르쳐 주는 국가관은 무엇일까요? 국가에 대해 어떤 태도를 가져야 한다고 가르치고 있을까요? 그 답이 궁금합니다.

국가는 가정과 더불어 하나님의 권위와 질서를 유지하기 위해 인간 사회에 허락하신 기관이라고 할 수 있습니다. '모든 권세는 다 하나님의 정하신 바라' 바울이 증거하고 있습니다. 국가란, 사회정의와 질서유지를 위하여 하나님이 세우신 것입니다. 하나님의 공의로 행악자를 심판하기 위해 인간에게 주신 것입니다. 하나님의 의를 실현하고자 행악자에 대한 심판자로서 국가는 하나님의 사자이며, 하나님의 뜻을 집행하는 기관입니다.

그러므로 세금을 내야 할 것과 국가의 권세에 굴복해야 할 것을 바울은 가르치고 있습니다. 국가의 권세를 거스르는 자는 하나님의 명령을 거스름이니 거스리는 자는 심판을 받게 된다고 경고하고 있습니다. 예수께서도 가이사의 것은 가이사에게 바치라고 말씀하시면서, 당시 로마제국의 권세를 간접적으로 인정하였습니다. 그러나 이러한 가르침은 어디까지나 통치 권력이 정의를 실현하고 그 권세를 선하게 집행하는 것을 전제로 합니다.

"그는 하나님의 사자가 되어 네게 선을 이루는 자니라… 그가 공연히 칼을 가지지 아니하였으니 곧 하나님의 사자가 되어 악을 행하는 자에게 진노하심을 위하여 보응하는 자니라" (로마서 13:4)

따라서 우리는 대통령을 위해, 시장과 구청장, 그리고 동장 통장 반장의 이름을 기억하고 그들이 그 권세를 주신 하나님의 뜻을 깨달아 선하게 다스리는 지혜를 갖도록 하나님께 기도해야 합니다. 그리고 국가권력과 지방정부에 대해 하나님께 복종하듯 순종해야 합니다. 중앙정부나 지방행정기관이 그 공권력을 정의와 공평의 자를 가지고 선하게 사용할 때, 이 땅에 실현되는 하나님의 의 가운데서 우리는 복된 삶을 살 수 있기 때문입니다. 그래서 우리 그리스도인들은 이러한 통치자나 정당을 밀어주고, 지원하며, 그에 대한 시민의 의무를 성실히 이행해야 합니다.

하지만, 이상의 말씀을 잘못 이해하여 불의와 불법을 자행하고, 인권과 인간 존엄을 위협하며, 공의를 실현하지 못하는 공권력조차도 하나님께 나온 것이니 복종할 수밖에 없다는 권력 지향적 국가관이 용납되어서는 안 됩니다. 최근 정부의 노동운동 탄압과 성당, 사찰 난입에 대해 일부 기독교 지도자들이 옹호하는 성명을 낸 것은 실로 부끄러운 일이 아닐 수 없습니다. 구약의 선지자 아모스와 미가는 '정의를 하수같이 공법을 강처럼 흘릴지라.'고 당시 부패한 이스라엘의 통치자들을 향해 예언한 바 있습니다. 또 부패한 통치자들의 불법보다는 이것을 은폐하고 이들과 영합하는 거짓 선지자들에게 임할 하나님의 진노와 심판을 더욱 심각하게 경고합니다. 한국교회가 이 경고에 귀를 기울여야 합니다. 하나님을 알고 신앙을 가진 장로 대통령이기에 하나님의 경고를 두려워할 수밖에 없을 것입니다. 깊은 관심과 기도, 그리고 말씀에 입각한 권면과 경고를 통해 대통령과 시장, 군수들이 백성들을 위해 의로운 정치를 하도록 도와주어야 합니다. 부패한 권력에 대해서는 진리의 칼로 그 실체를 드러내고, 선한 영향력에 대해서는 하나님의 지혜를 얻게 도와주는 일을 감당하는 것이 이 시대 속에서 한국교회가 선지자적 사명을 다하는 것이라 생각합니다.

그렇다고 교회가 반정부 정치단체나 시민운동 단체의 아류로 전락하는 일은 없어야 합니다. 교회가 세속 정치에 관심을 갖는 것은 좋으나 권력 지향적이어서는 절대 안 됩니다. 정치적 상황에 휘말려 야당이나 사회운동 단체가 해야 할 역할을 도맡을 것까지는 없습니다. 무엇보다도 하나님의 말씀과 창조질서 원리에 입각한 원리적인 선포가 우선되어야 합니다. 통치자들이 양심과 자연법을 존중하고, 인권과 정의와 자유평등 이념을 중시하며, 그들에게 구체적인 지혜와 대안을 갖도록 촉구해야 합니다. 먼저 그리스도의 화해와 구속의 복음을 선포하고, 변화된 그리스도인들이 신앙양심과 인격, 그리고 하늘로부터 오는 신령한 지혜를 갖추고 있을 때에, 사회구조와 풍토를 변혁해 나갈 수 있는 힘이 비로소 생길 것입니다.

성숙한 그리스도인 없이는 성숙한 사회의 변혁도 기대할 수 없을 것입니다. 지방화 시대에 성숙된 시민으로 살기 위해 우리는 먼저 그리스도인으로 성장해야 합니다. 그리고 성경적 세계관으로 자신의 삶과 이 시대를 꿰뚫어 보는 성숙된 안목을 갖도록 성경을 체계적으로 공부할 필요도 있습니다. 올여름에는 유난히도 통일에 관심이 많을 것입니다. 한국교회가 통일시대를 준비하는 방법도 위와 마찬가지입니다. 쌀과 함께 말씀도 함께 나눌 수 있도록 우리 각자가 성경적 세계관으로 준비되는 것만큼 적극적인 통일 준비가 또 어디 있을까요?

포도송이가 영글어가는 이 무더운 여름에, 자신의 영적 성숙을 위해 몸부림치며, 자신에게 주어진 사회구조 속에서 선한 영향력을 줄 수 있도록 준비하는, 진실한 그리스도인이 그리워집니다. 이제 더 이상 자신의 축복된 삶 속에 갇혀 있지 말고, 그 축복을 가지고 하나님의 영광과 이웃들의 유익을 위해 사회구조를 변화시켜 나가는 성숙한 그리스도인이 되도록 힘쓰고 애써 봅시다. 이 시대는 이러한 그리스도인을 길러내고 격려하는 한국교회의 성숙한 모습을 요구하고 있습니다.

5·18과 우리의 살 길

1995년

5·18에 관한 검찰의 불기소처분을 규탄하는 국민적 정서가 무더운 날씨에도 아랑곳하지 않고 더 뜨겁게 달아오르고 있습니다. 우려했던 바가 현실로 다가온 것입니다. 검찰이 수사해 본 결과, 범법 사실이 인정되지만 공소권이 없다는 해괴한 논리로, 재판부가 심의할 기회도 주지 아니하고 이 문제를 종결하려 합니다. 하지만 5·18 문제는 이제부터가 시작입니다. 1980년 이후 얼마 동안은 잔인할 정도의 침묵과 절망이, 또 얼마 동안은 말할 수 없는 분노와 격정이 5월 광주를 지배하였습니다. 그러나 몇 해 전부터 이러한 절망과 분노를 딛고 5월 정신을 새롭게 하는 정서가 싹트기 시작했습니다. 예수 그리스도의 십자가는 절망의 십자가가 아니라 죄와 죽음을 이기고, 용서

와 구원의 소망을 온 인류에게 주었습니다. 그처럼 5월 광주의 희생이 이 땅의 정의와 민주화, 그리고 통일에 초석이 되었을 때에 우리는 아문 상처를 딛고 기쁨과 감사의 정서를 맛보게 될 것입니다. 5월 문제를 통해 분단 이후 민족의 모순과 불의를 치유하시는 하나님의 역사 방식을 보고 감사하게 될 것입니다. 그때에야 비로소 희생자들과 유가족들에 대해서도 빚진 마음으로 진정한 감사와 위로를 할 수 있습니다.

15년이 지난 오늘 광주 문제는 어떻게 풀어가야 할까요? 1988년 11월 청문회는 광주 문제 해결의 전환점이 될 것으로 기대하였습니다. 그 진실이 상당 부분 밝혀졌지만 위기의식을 느낀 집권 세력의 반발로 중단되고, 3당 합당 이후 청문회는 그 기능을 다하지 못하였습니다. 문민정부가 들어서자 또 다른 기대가 있었습니다. 하지만, 정부는 피해자 명예 회복과 보상 문제, 기념사업에만 치중하는 해결방안을 제시하고, "훗날 역사의 평가에 맡기자."라며 진상 규명 문제는 외면하였습니다. 광주 문제를 정치적으로 해결해 보려던 노력은 여기에서 무산되고 맙니다. 이에 따라 사법적 해결을 위한 노력이 시작되었습니다. 지난해 5월 전국적으로 약 1만 명의 고소인이 1980년 5월 광주학살과 진압에 책임이 있는 전두환, 노태우 등 당시 군 수뇌부 58명에 대해 내란죄와 내란목적 살인죄 등으로 고발장을 제출합니다. 그 후 1년이 넘도록 수사가 진행되지만, 검찰은 수사 과정에서 주요 피의자 특히 최규하 당시 대통령의 진술을 얻어내지 못하는 한계를 드러내고, 1980년 8월 16일 최규하 대통령 하야 시점을 공소시효로 보고, 공소권 없음으로 결론을 내고 수사를 종결하였습니다. 결국 광주 문제는 특별법과 특별검사제를 도입하지 않는 한 법적으로도 해결할 길을 찾지 못하게 됩니다.

결국 이번 검찰의 불기소처분은 현 문민정부가 5·16 군사정권의 잔당과 12·12 신군부 쿠데타 세력과의 3당 야합에서 창출된 반역사적 정권임을 스스로 자인한 것입니다. 국민이 만들어낸 여소야대의 정국을 돌파하기 위해 3당이 야합한 후, 정권 창출에 성공한 김영삼 정권은 그가 한때 민주화 운동의 주역이었다는 점과 장로로서 갖추고 있을 신앙양심에 거는 기대가 한 가닥 있었지만, 이제는 이 문제를 해결하는 데 분명한 한계가 있음을 스스로 드러낸 것입니다. 과거를 청산하지 못할 때 우리는 과거에 메일 수밖에 없습니다. 그리고 과거를 바로 잡지 못하면 현실이 왜곡될 수밖에 없습니다. 과거 청산 없는 문민정부의 개혁은 그 한계가 금방 드러나고 말았습니다. 과거는 청산해야 합니다. 그래야 현실이 바르게 개혁되고, 미래에 대한 희망이 보이기 시작합니다. 5·18 광주 문제의 청산이 없었기에, 우리 민족이 추구하는 민주화와 통일 그리고 세계화는 한 발짝도 나아가지 못하고 있는 것입니다.

그러면 어떻게 해야 합니까? 요즈음 우리를 불안하게 하는 대형 사고들 속에서 하나님의 경고를 들어야 합니다. 심판의 경고가 있을 때에 겸손히 회개하지 않으면 반드시 망하는 것이 성경에서 가르치는 역사 방식입니다. 먼저 그리스도인들이 회개해야 합니다. 오늘날 한국 사회의 모순과 부조리 속에서 하나님의 의를 저버리고 안일한 신앙생활에 젖어 살아온 우리가 먼저 하나님 앞에 회개해야 합니다. 전국의 교회가 일치하여 전교회적 회개운동을 전개해야 합니다. 그리고 현 정권과 검찰이 5·18의 진실을 왜곡하고 허황된 논리로 불의를 옹호한 것에 전교회적으로 하나님의 공의를 선포하고 회개를 촉구해야 할 때가 왔습니다. 죄에 대해서는 값을 치르게 하는 것이 성경적입니다. 그리고 용서와 화해가 있는 것입니다. 광주 문제의 청산은 의를 바로 세우면서 그 죄를 용서하신 그리스도의 십자가 정신을 되살리는 것이어야 합니다.

이제 정부가 할 일은 분명합니다. 특별법을 제정하고 특별검사제를 도입하여 5·18 수사를 다시 시작하는 일입니다. 그리고 온 국민이 하나님께 회개해야 합니다. 국민적 회개운동이 이 나라를 구하는 유일한 길입니다. 이를 위해 교회는 일치하여 하나님의 공의를 선포하여야 합니다. 그렇지 않으면 하나님의 심판이 있을 것입니다. 현 정권은 국민적 저항에 부딪혀 그 말로가 이전의 정권들과 다를 바가 없을 것이고, 교회는 그 빛을 잃어 세상 사람들의 조롱거리가 될 것입니다. 주의 날이 멀지 않았습니다.

똘레랑스
1995년

'나는 빠리의 택시 운전사'

요즈음 뜨는 책입니다. 베스트셀러는 읽지 않는다는 독서 철학을 가진 저도 이 책을 읽었습니다. 스승의 날에 제자로부터 선물을 받은 책이어서 제자의 성의를 생각하여 숙제처럼 이 책을 읽었습니다. 분단시대를 살아가는 한 한국 사람이 프랑스에 망명하여 빠리의 택시운전사가 되었습니다. 그가 지구상에서 유일하게 갈 수 없는 나라를 그리워하며 자신의 삶을 솔직히 쓴 글입니다. 한 시대를 살아가는 이 땅의 백성들이 어떻게 이 시대를 살아야 할지 많은 상념을 자아내는 책입니다. 특히 이 책을 마무리하면서 지은이는 프랑스 사회의 '똘레랑스'를 소개합니다. 한국 사회의 분열과 모순에 대해 아쉬움을 표현하면서, 프랑스 사회와의 만남에서 가슴에 깊게 각인된 것이 바로 '똘레랑스' 라 말합니다.

프랑스는 똘레랑스가 있는 사회입니다. 똘레랑스는 다른 사람이 생각하고 행동하는 방식의 자유 및 다른 사람의 정치적, 종교적 의견의 자유에 대한 존중을 뜻합니다. 즉, 남을 존중하시오. 그리하여 남으로 하여금 당신을 존중하게 하시오. 자신의 생각과 행동만이 옳다는 독선의 논리로부터 벗어나 남을 강제하는 대신, 토론을 합니다. 상대를 설득시키기 위한 노력을 합니다. 강제로 어떻게 해보겠다는 생각보다는 자신과 다른 것을 인정합니다. 치고받고 싸우지 않습니다. 미워하지도 않으며 앙심을 품지도 않습니다. 이것이 똘레랑스입니다. 이웃을 인정하고, 나와는 다른 생각이나 의견, 생활방식, 문화를 인정합니다. 나와 다름을 존중하는 똘레랑스의 원칙은 한마디로 자기 것을 존중받으려면 남의 것부터 존중하라는 요구입니다. 나의 생각과 삶의 방식이 나에게 귀중하다면 남의 것도 똑같이 귀중하다는 당연한 논리입니다.

성경에서도 가르치고 있습니다. 형제를 사랑하여 서로 우애하고 존경하기를 서로 먼저 하며, 서로 용납하여 피차 용서하되, 그리스도를 경외함으로 피차 복종하라. 하나님께서 각 사람을 하나님의 형상대로 창조하였습니다. 신묘막측하게 다양한 개성과 성품과 재능을 주셨습니다. 타락한 인간의 관점에서 보면 서로 인정하기 힘든 모습도 많고 잘못도 많습니다. 하지만 성경에 어긋남이 없다면 서로 인정하고 존중하는 것이 창조주 하나님을 믿는 신앙적 행위인 것입니다. 우리는 성경에서 허용하는 범위 안에서 서로 다른 의견을 가질 수 있습니다. 그런 의견 차이를 서로 인정하고 설득을 통해 동의를 얻어 내는 것이 성경적인 삶의 법칙입니다.

우리의 지난 역사는 바로 이런 면을 무시한 결과 많은 불행을 낳았습니다. 정치적 신념의 차이 하나 때문에 많은 사람을 감옥에 처넣고 죽였습니다. 한국의 민주화 과정은 서로 다른 의견 차이에서 오는 갈등이 권력의 압제와 이에 대한 저항으로 지속되면서 그 모순과 불행이 깊어만 갑니다. 서로를 존중하지 않기 때문에 끊임없는 분열의 악순환을 거듭하였습니다. 의견이 다른 경우에는 입을 다무는 것이 상책이고, 불평과 불만은 뒤돌아서서 넋두리처럼 해댑니다. 집권당이 그렇고, 야당마저도 이를 극복하지 못하고 있어서 못내 아쉽습니다. 한국교회사가 분열의 역사로 점철되었다는 면에서 교회마저도 예외는 아닙니다. 감사한 것은 교회가 최근 한국 사회의 죄악과 모순에 대해 책임감을 느끼고 하나님 앞에 회개하는 움직임이 있다는 것입니다.

9월은 한국교회의 각 교단들이 총회로 하나님 앞에서 모이게 됩니다. 과거 50년 분열의 역사를 하나님 앞에 내려놓고 철저하게 회개하고, 그런 가운데에서도 하나님이 주신 은혜와 축복을 헤아려, 그 힘을 하나로 모아 한국교회의 하나 됨과 이 민족의 구원과 통일을 일구어 가는 도구로 쓰임 받도록 결단하는 총회가 되어야 할 것입니다. 이 일을 위해 한국교회에도 똘레랑스가 요구됩니다. 이단이 아니라면 신학의 차이, 의식의 차이, 지역의 차이, 목회 방식의 차이, 추구하는 비전의 차이를 서로 존중하면서 10년, 20년이 걸리더라도 서로 토론하고 설득하면서 함께 연합하는 것이 요구됩니다. 갈라져 있을 이유가 하나도 없습니다. 서로를 존중한다면 총회가 여럿일 이유도 없습니다.

권력의 압제를 받지 않기 위해서도 서로를 존중하여야 합니다. 이웃 간에 어떤 사소한 분쟁이 생겼을 때에, 서로 대들며 싸우고, 결국은 경찰이 와야 해결되는, 그래서 개인의 자유가 공권력에 의해 제약을 받는 일을 우리는 스스로 요구하는 경우를 많이 봅니다. 서로를 존중하면, 서로의 생각과 의견을 존중하면 우리는 권력의 통제를 받지 않고서도, 서로의 설득을 통해 문제를 해결해 나아가는 힘을 갖게 됩니다. 우리 삶의 모든 영역에서 서로 다른 것을 인정하는 것은 대단히 성경적이면서도, 우리 시대의 문제를 풀어나가는 길입니다. 신문을 보면서, TV를 보면서 한숨만 짓지 말고 기도합시다. 안타까워만 하지 말고, 기도하며 행하는 믿음을 가져야겠습니다. 나의 삶의 사소한 부분에서부터 한국 사회와 한국교회의 모든 문제에 이르기까지 이것을 한번 실천해 봅시다.

기브온 학살

1995년

지난 11월 24일에 정부가 5·18 특별법 제정 방침을 발표하였습니다. 전직 대통령이 비자금과 부정 축재로 구속되고, 정치 지도자들의 대선자금 의혹이 증폭되면서, 온 국민이 분노와 허탈에 빠졌습니다. 한국 현대사의 모순을 풀어낼 열쇠인 5·18에 대해 검찰이 '공소권 없음'을 천명한 이후로 특별법 제정을 위한 국민적 여망이 들끓었습니다. 5·18 해결 없이 어느 정권도 그 정통성을 인정받지 못하는 국내외적 여건이 현 정권에게 특별법 제정의 국민적 요구를 수용하게 했는지도 모르겠습니다. 굴절된 현대사를 바로잡는 갈림길이 바로 5·18 문제라면, 책임자를 처벌하고 광주의 명예를 회복하는 것에서 출발하여 진정한 민족화합의 기회로 삼는 것이 역사의 순리라 할 것입니다. 여하튼 온 국민이 반가워하며 오랜만에 국민적 기쁨을 맛보았습니다.

하지만, 며칠이 지나면서 몇 가지 우려할 점이 드러나 정부의 숨은 의도가 무엇인지 서연치 않은 면이 많습니다. 대통령이 국민 앞에 직접 발표하지 않고 일개 정당의 사무총장 입을 통해 발표한 점이 아쉬움을 남깁니다. 대통령이 직접 하기가 곤란하였다면, 국무총리가 대신했어도 될 일이었습니다. 또 헌법재판소의 판결을 며칠 앞둔 시점에서 미리 선수를 치는 수법도 개운치 않습니다. 더구나 얼마 남지 않은 국회회기 동안에 집권 여당이 독자적으로 특별법을 제정하겠다는 의지를 보이므로 국민적 공감대를 형성할 시간적 여유를 갖지 않겠다는 의미를 강하게 비추었습니다. 내년 4월 총선을 겨냥한 정치적 포석이 아니냐는 의구심을 포함해서, 대선자금 공개를 피해 가는 고단수의 국민적 회유책으로 보입니다. 비자금 파문 이후 수세에 몰린 집권 여당이 국면 돌파용으로 5·18 특별법 제정 문제를 이용하고 있지는 않는지 우려됩니다. 역사를 치유하고 회복하기보다는 오히려 역사의 굴곡을 더 깊게 남기는 오점을 남길까 걱정되고 불안합니다.

이러한 역사적 시점에서 하나님은 이 시대를 어떻게 이끌고 있을까요? 5·18 특별법이 어떤 방향으로 제정되고 집행되어야 하나님의 뜻을 따르는 것일까요? 이 시대를 사는 우리 그리스도인들이 그 해답을 성경에서 찾아볼 수는 없을까요?

성경 사무엘하 21장에 보면, 사울 왕이 저지른 기브온 학살에 다윗 왕이 어떤 조치를 취했는지 기록합니다. 5·18 해결의 실마리를 찾을 수 있는 성경 말씀입니다. 다윗의 시대에 삼 년 기근이 있었습니다. 다윗이 여호와 앞에 간구합니다. 여호와께서 '이는 사울과 피를 흘린 그 집을 인함이니 저가 기브온 사람을 죽였음이니라' 합니다. 그 전에 왕이었던 사울이 자기 민족에 대한 열심 때문에, 기브온 족속과 맹세한 계약을 무시하고 이스라엘의 정화작업을 위해 그들을 학살하였습니다. 언약을 중시하는 하나님의 영광을 실추시킨 사건입니다. 1980년에 이 같은 학살이 전두환을 중심으로 신군부세력에 의해 광주에서도 자행되었습니다.

다윗은 기브온 사람들을 불러 물었습니다. "내가 너희를 어떻게 하랴? 내가 어떻게 속죄하여야 너희가 여호와의 기업을 위하여 복을 빌겠느냐?" 기브온 사람이 대답하되 "사울과 그 집과 우리 사이의 일은 은금에 있지 아니하오나 우리를 학살하였고 또 우리를 멸하여 이스라엘 경내에 머물지 못하게 하려고 모해한 사람의 자손 일곱을 내어 주소서. 우리가 저희를 여호와 앞에서 목매어 달겠나이다." 하니, 다윗 왕이 가로되 "내가 내어 주리라." 하였습니다. 그런 후 기브온 사람에 의해서 일곱 사람이 처벌을 받고, 왕이 명하여 사울과 요나단 뼈와 함께 장사를 지내니, 그 후에야 하나님이 그 땅을 위하여 기도를 들었습니다.

다윗은 기브온 학살에 희생당한 당사자들을 불러 해결책을 물었습니다. 특별법을 제정하여 광주학살 문제를 해결하려면 정부가 광주 시민들에게 물어봐야 합니다. 광주시민들의 요구에 귀를 기울이는 것이 진정한 해결이지, 자신들의 정략적 계산에 의해 시혜를 베푼다고 생각한다면 상처를 건드는 결과만을 낳을 것입니다. 광주는 은 금을 원하는 것이 아닙니다. 희생에 대한 배상은 차후의 문제이고, 정확한 진상을 규명하고 학살 책임자들에 대해 공정한 법적 처벌을 우선해야 합니다. 기브온 사람들의 요구대로 다윗은 조치를 취했고, 그 후에야 하나님이 기도를 들었습니다. 현 정권이 광주의 요구를 충족하기 위한 최소의 조치가 특별검사제 도입이 아니겠습니까? 이미 공소권 없음으로 결론을 맺고 기소를 포기한 현 검찰의 한계는 분명합니다. 광주학살 책임자들과 3당 합당을 통해 정권을 창출한 정부와 여당이 광주 문제를 얼마나 공정하게 다룰지 의심스럽습니다. 이런 정황을 광주시민들은 알기에 권력에 예속 받지 않는 특별검사제를 요구하고 있습니다.

한국교회도 광주시민의 요구를 대변해 주는 것이 하나님 편에 서는 것입니다. 죄 문제의 해결 없이는 하나님의 공의로운 심판에 벗어날 수 없다는 성경적 진리가 이 땅에 실현되게 하는 것이야말로 하나님의 살아계심을 선포하는 길입니다. 그리스도의 대속적인 죽음이 하나님과 우리를 화목하게 하였던 것처럼, 철저한 회개와 속죄가 있고 그 후에야 용서와 화해가 가능합니다. 이것이 하나님의 공의요, 사랑의 법입니다.

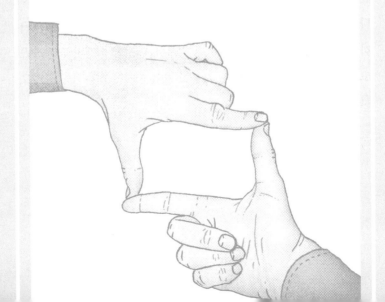

2

교육의 눈으로,
시대에 답하다

교육에서 답을 얻고 싶었다.
교육원형을 예수에게서 찾고자 했다.
2002년 이후, 교육의 눈으로 답을 얻고자 했다.
주로 『좋은 교사』에 실은 글을 모았다.

교사의 열정이 답이라고 생각했다.
그것이 아니었다.
부모가 답이라고 생각했다.
부모의 비움이 아이의 충만이었다.

교육이 이 시대를 살린다.
무엇보다 아이들의 생명을 살린다.
20년이 지난 오늘, 그 생명의 길을 얻고자 했다.

절망에 가까운 교실에서
희망의 절실함을 찾고자
그분의 손길을 기다린다.

교육의 눈으로, 시대에 답하다

교육이 무엇인가?

2002년

    자녀를 둔 모든 부모들이 교육에 관심을 갖고 있습니다. 교육이 자녀의 장래를 좌우한다고 생각합니다. 교육을 걱정하지 않는 사람이 없습니다. 국가에서도 예외 없이 교육을 가장 중요한 문제로 여기고, 교육에 많은 인력과 재정을 투입합니다. 교육이 민족의 미래를 결정하기 때문입니다. 교회에서도 교인들의 신앙교육에 많은 관심이 있습니다. 교회의 성장이 멈추고 침체하는 이유는 바른 교육이 없기 때문입니다. 교회가 세상의 빛으로 선한 영향력을 갖지 못하는 이유도 바른 신앙교육이 부족한 탓입니다. 성도들의 성숙과 교회의 부흥을 위해서는 무엇보다 교육을 강조할 수밖에 없습니다. 그런데 왜 교육이 잘 안될까요? 정말 시급하고 중요한 것이라면 잘 될 수밖에 없지 않을까요? 왜 교육이 문제시되고 있을까요? 무언가 이유가 있지 않을까요? 이제부터 그 이유와 그 대안을 성경에서 찾아봅니다.

　도대체 교육이란 뭘까요? 교육이란, 어떤 것에 대해서 잘 모르면 배우고, 좀 알면 가르치는 것을 의미합니다. 잘 모르는 사람과 좀 아는 사람이 서로에게 배우고 가르치려는 마음이 생기면 교육적 관계가 맺어집니다. 그래서 배우는 사람이 가르치는 사람의 수준까지 알게 되고, 결국은 그를 능가하는 경지까지 이르도록 돕는 것이 교육입니다. 물론, 그 과정에는 많은 좌절과 갈등이 있을 수 있고, 이를 극복해 내는 인내와 결단이 있었을 것입니다. 그러나 결국은 자신과 상대의 수준이 향상된 것에 대한 놀라움과 흐뭇함이라는 감동을 맛보는 것이 교육입니다. 이러한 모습은 예수님과 제자들의 관계, 그리고 바울과 초대교회의 관계에서 얼마든지 찾아볼 수가 있습니다. 그리고 오늘날 가정에서 부모와 자식의 관계, 학교에서 교사와 학생의 관계, 교회에서 신앙 성숙의 과정을 잘 살펴보면 이러한 교육의 모습이 발견되기도 합니다.
　하지만, 교육 그 자체를 통해서 맛보는 즐거움보다 교육의 결과로 얻어지는 열매에 너무 치중하다 보면 교육이 수단시 되면서 이 즐거움을 상실하게 됩니다. 오늘날 학교가 교육을 하는 곳으로서 적당한 곳이 아닌 이유가 바로 이것입니다. 학교는 성적을 올려 입시를 준비하는 곳으로, 자신의 출세와 사회가 요구하는 인력 개발이라는 측면에서는 효과적인 사회제도일 수 있습니다. 대부분 많은 사람들이 학교에서 공부시키는 것을 교육이라고 생각합니다. 그래서 교육하면

학교를 떠올리게 되고, 학교에서 하는 일은 모두 교육적일 것이라고 기대합니다.

그러나 학교가 '교육만' 하는 곳도 아니고, 교육이 '학교에서만' 일어나는 것도 아닙니다. 학교는 교육하는 곳이 아니라 한 인간을 그 사회에 적응시키고 그 사회 속에서 자기를 실현할 수 있는 기능을 길러 주는 곳이라고 할 수 있습니다. 그래서 교육을 잘 하는 학교보다는 입시에 성공한 학교를 우수한 학교라고 평가합니다. 대학도 마찬가지입니다. 학벌을 중요하게 여기는 이유가 그 학교 출신이 교육을 잘 받아서가 아니라 출세를 잘해서 서로 기득권을 나눠 먹을 수 있기 때문입니다. 좋은 학벌을 갖는 것이 좋은 교육을 받은 것이 아닙니다. 교육은 잘 못하면서 입시에 성공할 수도 있고, 교육을 잘 하면서 입시에 실패할 수도 있습니다.

교회에서도 한 영혼이 그리스도를 영접하고 성숙된 신앙생활을 하도록 돕는 일이 교육이라고 할 수 있습니다. 이러한 개인적 성숙과 함께 교회도 부흥하는 것이 아닐까요? 교회가 한 개인의 영혼과 신앙생활의 성숙에 초점을 두고 잘 성장하도록 돕고 온 힘을 쏟아 헌신을 할 때, 교회에서 교육이라는 현상이 일어납니다. 주일학교에 왔다 갔다 했다고 해서 교육이 되는 것이 아닙니다. 교회 안에서 교육이 이루어지려면 성숙한 신앙인격으로 먼저 성장한 사람이 아직은 성숙되지 못한 영혼을 사랑하고 헌신적으로 도우면서 서로가 성장하는 기쁨과 감동이 있어야 합니다. 그러면 이러한 감동과 기쁨의 삶으로 이끄는 힘이 무엇일까요?

　사실 사람들은 누구나 의식적이든 무의식적이든 자신의 인생에 대해서 또는 이 세상에 대해서 나름대로 판단하는 기본 전제로서 어떤 '생각들'이나 '안목'을 가지고 삽니다. 이것을 세계관이라 하고, 사람들의 삶을 이끌어가고 사회생활을 어떻게 할 것인가를 결정하는 원칙들로 작용하고 있습니다. 때론, 자신의 세계관과 행동이 일치하지 않아서 갈등할 때도 있지만, 사람들은 자기가 생각하기에 좋을 대로 살기 마련입니다. 물론 자신이 살고 있는 시대의 지배적인 세계관의 영향을 벗어나기가 쉽지 않고, 그것에 따라 살아가도록 사회화됩니다. 이것을 교육으로 보는 학자들도 있습니다. 교육은 그 시대의 지배적인 세계관에 기초할 수밖에 없습니다. 하지만 이것을 교육으로 볼 수는 없습니다.

　인간과 사회 그리고 우주 만물을 왜곡되게 바라보는 세계관을 바탕으로 하는 교육은, 분명 인간을 잘못된 방향으로 이끌고 사회 현실을 구조적인 악순환 속에 빠지게 할 것입니다. 오늘날 사람들은 인간 중심적이고 물질주의적인 세계관의 지배를 받으며 살고 있습니다. 인간의 행복과 물질적인 부를 최고의 가치로 여기는 시대 속에서, 교육이 인간의 편의와 물질적 풍요를 위한 수단으로 전락하여 교육 그 자체의 목적성을 상실하였습니다. 학교에 자녀를 보내는 이유가 무엇인가요? 모르는 것을 알아 가는 즐거움, 아는 것을 친구에게 가르쳐 주는 기쁨, 이런 교육적 감동을 누리기 위해서 학교에 가는 걸까요? 아니면 열심히 공부해서 실력을 쌓아 성공하여 유복한 삶을 살기 위해서일까요? 내 생각과 내가 갖고 있는 세계관이 내 아이들의 교육을 지배하고 있습니다. 오늘날 왜곡된 교육 현실은 왜곡된 세계관의 결과입니다.

따라서 바른 세계관을 세워 그 세계관에 일치하는 교육이 이루어질 때 소망이 있습니다. 성경은 그리스도인들이 성경이 가르치는 세계관대로 살 것을 요구합니다. 에베소서 4:13-14에 의하면, 우리가 사람의 궤술과 간사한 유혹에 빠져 모든 교훈의 풍조에 밀려 요동치 않기 위해 하나가 되어 온전한 사람을 이루어 그리스도의 장성한 분량이 충만한 데까지 이르라고 가르칩니다. 디모데전서 4:6-7에서는, 믿음의 말씀과 선한 교훈으로 양육을 받아 망령되고 허탄한 신화를 버리고 오직 경건에 이르기를 연습하라고 권면하고 있습니다. 여기서 우리는 하나님이 바라시는 것과 우리가 갖추어야 할 것이 무엇인지 분명하게 알 수 있습니다.

성경은 '태초에 하나님이 천지를 창조하시니라' 라는 선언에서 시작합니다. 하나님의 창조는 세계관의 출발점입니다. 하나님의 창조와 그리스도의 구원을 믿고 사는 우리는 그리스도를 구주로 영접하고 주의 가르침을 잘 배워 그대로 살아야 합니다. 주의 말씀 '내 발에 등이요 내 길에 빛이라' 는 고백과 체험이 있어야 합니다. 이것이 성경적인 세계관에 의지해 살면서 세속적인 가치관을 이기고 오늘부터 영원까지 사는 비결입니다. 교육이 성경적이어야 하는 이유도 여기에 있습니다.

잠언은 지혜의 책입니다. 어리석은 자로 슬기롭게 하는 것, 젊은 자에게 지식과 근신함을 주기 위한 것, 지혜 있는 자로 더 지혜롭게 하는 것, 이것이 잠언을 기록한 목적입니다. 잠언에서 찾아낼 수 있는 교육의 참된 의미는 무엇일까? 교육이 '알고 알게' 하는 것이라면, 무엇을 어떻게 알고 알게 하는 것일까? 잠언에서는 교육을 하나님을 잘 알고 하나님의 뜻에 따라 살아가는 수준이 향상되어 가도록 성장하고 또 이웃이 그렇게 살도록 도와주는 것이라고 분명히 여러 차례 반복하고 있습니다. '교육한다.'는 진정한 의미는 하나님을 알지 못하고 세속적인 세계관에 왜곡되어 있는 우리의 일상을 하나님의 창조와 그리스도의 구원을 알게 하여 회복하는 것을 말합니다. 이 일은 일상을 살아가는 모든 그리스도인이 감당하고 있는 사명이기도 합니다. 이 일을 행하게 하려고 하나님은 우리를 창조하였고, 예수님께서 우리에게 이것을 가르쳐 지키게 하라고 명하였습니다.

내 것이 아니기에 소중합니다
2004년

여러분! 축복하고, 사랑합니다. 오늘도 새로운 날이 시작되었습니다. 새로운 날이 날마다 우리에게 주어지고 있습니다. 오늘은 우리에게 맡겨진 날입니다. 이 말은 오늘이 내 것이 아니라는 뜻이지요. 시간은 우리의 소유물이 아닙니다. 우리가 잘 사용하고 누리도록 우리에게 잠시 맡겨진 것입니다. 그렇죠? 그것이 맡겨진 것이라면, 맡겨주신 분의 목적이 무엇인지도 알아야 합니다. 그것을 알게 되면 그것을 맡아 관리하며 사는 내 삶이 얼마나 소중한지도 깨닫게 됩니다.

오늘 우리가 가지고 있는 것들, 우리에게 주어진 것들이 무엇입니까? 내가 소유하고 있는 것, 내게 부여된 것이 별로 없는 것 같지요.

내게는 아무것도 없는 것 같은 느낌이 많이 듭니다. 경제적으로도 넉넉한 것은 아니고, 공부도 만족스럽지 않지요. 외모도, 자신감도, 친구도, 못난 것뿐입니다. 그래서 내가 얼마나 소중한 존재인지 잘 모르고 살 수밖에 없습니다.

몇 해 전 여름에, 제주도에 갔습니다. 아이들 외삼촌댁이 우리 가족에게 집을 맡기고 4박 5일 해외여행을 떠났기 때문입니다. 모든 것을 자유롭게 사용하고 누릴 수 있게 되었습니다. 그렇다고 그것을 내 맘대로 처분할 수 있는 것은 아니었습니다. 오히려 집을 비운 동안 잘 관리하고 돌봐줄 것을 원했습니다. 집주인의 뜻에 맞게 집을 잘 이용하면서 한라산도 올라갔고, 푸른 바다 마라도에도 가보았습니다. 비록 잠깐이었지만, 집에 있는 모든 것을 마음대로 사용하면서 즐겁고 재미있는 시간을 저희 가족은 보냈습니다. 그러나 내 것이 아니기에 이 모든 것을 더욱 소중하게 여기고 더 조심스럽게 사용하였습니다.

이 땅에서 우리의 삶이 마치 이와 같습니다. 우리의 삶이 잠깐 맡겨진 삶입니다. 잠시 동안 이 땅에 살면서 우리에게는 모든 것이 주어집니다. 고귀한 생명, 건강한 몸, 공부할 수 있는 능력, 풍부한 감정, 남을 배려하는 도덕성, 숨 쉴 공기, 마실 물, 하늘과 땅, 낮과 밤 이 모든 것이 우리가 이 땅에 살면서 마음대로 누릴 수 있는 것이지요. 그러나 결코 내 것은 아닙니다. 내 것이라면 죽을 때에 다 가지고 가겠지요. 사실 남에게 다 남겨 놓고 떠나는 것입니다. 그렇다고 이런 것들이 내게는 의미가 없는 것입니까? 내 것이 아니고 남겨 놓는 것이기에 더욱 소중하게 가꾸고 잘 누리며 살아야겠지요.

이 모든 것은 내가 만든 것도 아니요, 내 마음대로 할 수 있는 것도 아닙니다. 내 것 같지만, 사실 내 것이 아닙니다. 그렇다면 우리에게 이 모든 것을 맡겨주신 분이 있고, 맡기신 분의 목적이 있지 않을까요? 우리는 다만, 이 땅에 살면서 맡기신 분의 목적에 맞도록 이 모든 것을 소중히 여기며 그것을 즐기고 누리는 것입니다. 우리의 삶에 아무리 사소하고 하찮은 것마저도 소중하지 않은 것은 아무것도 없는 이유가 바로 이것입니다.

여러분은 지금 대한민국 땅에서 공부에 시달리며 힘겨운 삶을 살아가고 있습니다. 그러나 이 삶의 모든 것이 소중한 것입니다. 여러분이 하고 있는 공부, 여러분이 선택한 것이 아니더라도, 내 것이 아니기에 더욱 소중한 삶을 오늘도 멋있게 살아갑시다. 힘내세요. 축복하고, 사랑합니다.

'공부 잘한다'는 의미

학교를 다니는 학생이나 학교를 보내는 부모나 '공부를 잘하는 것'이 학교교육에 있어서 가장 핵심적인 관심사입니다. 어떻게 하면 공부를 잘할 수 있는가? 학업성취와 관련하여 수많은 요인들이 연구되어 왔습니다. 크게 환경요인, 학습자 요인, 수업 요인으로 구분됩니다. 환경요인으로는 교육풍토, 가정환경, 학습 집단의 분위기 등을 들 수 있으며, 학습자요인으로는 지능, 적성, 창의성과 같은 지적 측면과 동기, 자아개념, 포부 수준, 흥미, 태도, 불안과 같은 정의적 측면, 그리고 신체운동 기능적 측면도 포함됩니다. 수업 요인에 있어서는 학습 집단의 구조와 교사의 행동, 수업방식, 평가체계 등이 학업성취에 영향을 주는 것으로 분석되어 왔습니다.

주로 학교교육이 수업에 의존하면서 학업성취의 가장 중요한 변수로 여겨졌으나, 수업이란 동일한 교사가 동일한 내용을 동일한 시간 동안 동일한 방식으로 가르치는 것이므로 학업성취의 개인차를 설명하기가 어렵습니다. 오히려 학생 스스로 행하는 공부의 양이나 질이 학업성취의 개인차를 효과적으로 설명할 수 있을 것이라고 생각합니다. 학생의 지능이나 성취의욕이 높고 교사의 수업방식이 적절했다고 하더라도 학생 스스로 충분한 공부 활동을 하지 않는다면 높은 학업성취를 기대할 수 없을 것입니다. 그래서 최근에는 공부를 잘하는 학생과 못하는 학생의 차이에 가장 큰 영향을 주는 요인에 대해 그 학생의 특성이나 교사의 수업보다는, 학생의 공부 활동에 주목하고 있습니다.

공부에 대한 현대인들의 오해가 있습니다. '공부를 잘해야 먹고 산다.'는 강박관념이 우리 시대를 사로잡고 있어서, 요즘에는 '자녀 교육을 잘 한다.'는 의미가 '공부를 잘 시켜야 한다.'는 것으로 통하고 있습니다. 자녀들이 공부를 잘해서, 불황을 타지 않는 전문직에 종사하도록 하는 것이 부모들과 아이들의 최대의 소망입니다. 이 소망 때문에 사교육비로 인한 사회적 위화감과 부작용을 우리 사회는 감수하고 있습니다. 공부만 잘해준다면 무엇이라도 아깝지 않다는 것이 부모의 심정입니다. 이제 학부모가 되면, 가장 먼저 어느 학원의 어떤 과외 선생님이 아이들의 공부를 제대로 잡아 주는지에 대한 정보를 얻어내야 합니다. 잘나가는 학원이 있는 지역은 집값도 오릅니다. 자식 하나 잘 가르친다는 데 돈은 문제도 아닙니다. 운동은 물론, 독서도 학원에서 배웁니다. 그저 부모들은 돈만 잘 대주면 됩니다.

그러나 그렇게 한다고 해서 공부를 잘하는 것은 아닙니다. 문제는 공부의 의미입니다. 왜 공부를 잘해야 할까요? 공부를 잘해서 무엇을 하겠다는 것일까요? 이런 의미가 분명해지면 공부를 잘하면 잘하는 대로, 상대적으로 공부를 좀 못하면 못하는 대로, 자신의 삶의 가치를 귀하게 여기며 자기를 성장시키고 그 힘으로 자기가 해야 할 사회적 사명을 다하는 삶을 살게 됩니다. 우리 시대의 문제를 확대 재생산하는 사람들은 오히려 공부를 잘했던 우수생들입니다. 그들은 자신이 쌓은 실력이 자신의 삶과 이 시대에 어떤 의미를 가지고 있는지를 알지 못한 어리석은 사람들입니다. 우리 자녀들도 부모 잘 만난 덕에 공부를 잘 해낼 수도 있을지 모릅니다. 그러나 그들이 지금 이 시대의 정치, 경제, 사회, 문화, 교육, 종교, 의료, 법률 분야에서 영향력을 미치며 국민적 지탄을 받고 있는 사람들과 똑같은 삶을 살게 될 것이라고 생각해 본 적 있나요?

그러면, 공부에 대한 하나님의 관심은 무엇일까요? 공부를 시키지 말아야 하는 것일까요? 진정한 공부란 무엇을 의미할까요?

하나님께서는 모든 사람이 모든 것을 잘하게 창조하신 것이 아닙니다. 하나님은 각 사람에게 다양한 재능을 각각 다르게 주셨습니다. 이것은 은혜로 주신 것입니다. 하나님은 모든 사람들에게 똑같은 재능과 똑같은 능력을 주신 것이 아닙니다. 어떤 이에게는 이런 재능을 이만큼, 또 다른 이에게는 다른 재능을 저만큼 주신 것입니다. 따라서 상대적으로 잘할 수 있는 것이 있고 못 하는 것이 있기 마련입니다. 이렇게 서로 다른 재능들을 다양한 환경 속에서 다양하게 개발하여 서로의 필요를 채워주고 더불어 하나 되게 하신 것이 하나님의 뜻입니다. 공부도 마찬가지입니다. 공부를 잘하는 것이 하나님의 뜻이 아니라, 잘하는 사람도 있고 못하는 사람도 있어서 이들이 서로를 섬기며 사는 것이 하나님의 뜻입니다. 공부를 잘하는 것이나 못하는 것이 모두 하나님의 뜻일 수도 있으나, 공부를 게을리하여 하나님이 자신에게 주신 재능을 소홀히 하는 것, 쉽게 말하면 공부하지 않는 것은 분명 하나님께 대한 불순종이라고 할 수 있습니다. 공부를 하지 않아서 주신 재능을 계발하지 못하고 그로 인해 평생 감당해야 할 사명을 제대로 준비하지 못한다면 부끄러운 일입니다. 하나님은 공부에 있어서도 우리의 순종을 원하십니다.

일반적으로 공부 활동이란, 학습자 스스로가 학습과제나 문제 해결을 위해 학교나 가정, 도서관 등에서 여러 가지 자원을 활용하여 행하는 모든 활동을 말합니다. 이 공부 활동 속에는 인지적 활동과 자기관리 활동이 포함되어 있으며 자기 주도적인 전략과 지속적인 행동으로 습관을 형성하는 활동입니다. '공부를 잘한다'는 것은 바로 이런 활동에 몰입하고 즐거워하며 살아가고 있다는 것을 의미합니다. 결코 좋은 성적을 얻어서 좋은 학교에 진학하거나, 좋은 직장에 취업하는 것이 아닙니다. 공부를 하고 나서 얻는 결과가 아니라, 공부 활동에 몰입하는 과정에서 자신이 성장하고 사명을 깨닫는

데 그 의의가 있습니다.

　하나님은 사람에게 인지능력과 자기관리능력을 허락하셨습니다. 인지능력이란 언어, 수리, 탐구능력 등 하나님의 창조세계와 인간 사회를 잘 이해하고 회복을 통해 구속사를 완성해 가는 데 필요한 능력입니다. 자기관리능력이란 성전이 된 몸을 잘 보존하고 성결하게 하는 체력관리, 우선순위와 분별력에 의한 시간관리와 물질 관리, 늘 하나님께 감사하는 마음, 이웃을 배려하는 인간관계 능력 등 자신과 이웃을 성장시키고 공동체를 변화시키는 능력입니다. 이러한 능력은 문화명령과 선교 명령의 수행을 위해 하나님께서 모든 인류에게 일반 은총으로 주신 것입니다. 구원의 은혜를 입고 하나님을 아버지로 알며 그분의 뜻대로 살아가려는 믿음이 있는 자들은, 하나님이 이런 능력을 우리에게 주신 의미를 깨닫습니다. 능력의 많고 적음을 떠나 주신 달란트를 발휘하기 위해, 하나님 앞에서 성실한 삶을 살게 됩니다.

　'공부 잘한다.'는 의미는 하나님이 내게 주신 인지능력과 자기관리능력을 개발하여, 하나님의 창조세계를 과학적으로 탐구하고, 인간 사회에 대한 다양한 학문적 접근을 하면서, 하나님의 뜻을 발견하고 공부 그 자체에 흥분과 감동을 누리는 것입니다. 이렇게 보면 좋은 성적을 받은 것이 공부를 잘한 것이 아닙니다. 성적 결과와는 관계없이 공부 활동을 잘 할 수 있습니다. 공부활동 과정에서 맛보는 흥분과 감동은 상대적으로 비교할 수 있는 것이 아닙니다. 이런 흥분과 감동 때문에 우리는 공부도 은혜라고 할 수 있으며, 공부에도 성령의 인도하심이 있다는 것을 체험하게 됩니다.

'학교 다닌다' 는 의미

나는 복음을 가진 교사로 이 땅에 살고 있습니다. 복음 위에 교육을 새롭게 세우려는 성서교육의 꿈을 교실에서 현실화하는 일을 하나님이 내게 주신 사명이라 여기고 있습니다. 교육적 탐구와 교육적 실천을 해 오면서 항상 고민한 것이 있습니다. '교육이란 도대체 무엇인가? 무엇 때문에 아이들을 교육하는가? 학교를 다니는 것이 성경적인 의미가 있는가? 과연 학교에서 공부하는 것이 하나님 나라에 어떤 의미가 있을까?'

교육과 학교의 시작

하나님이 천지를 창조하시고 역사가 시작되면서 교육은 시작되었습니다. 에덴에 교육이 있었습니다. 하나님이 아담에게 주신 문화 창조 명령과 선악과 명령, 타락 이후 여자의 후손과 피 흘림에 대한 언약은 교육의 시작이었습니다. 그 이후 하나님의 언약은 교육을 통해 이어지며 그리스도의 복음으로 성취되고 우리 시대까지 증거 되고 있습니다. 물론 하나님을 거역하는 교육의 역사도 사탄의 도구로 각 시대를 지배하며 반 하나님의 문화를 발전시켜 온 것도 사실입니다. 교육은 인류의 역사와 함께 있어 왔으나, 학교의 역사는 교육의 역사만큼 길지 않습니다. 특히, 오늘날과 같은 근대적인 학교 제도는 인류 역사 가운데 극히 최근의 일입니다. 18세기 국가주의의 등장과 산업화 과정에서 근대 학교는 오늘까지 젊은 세대의 수용, 인력의 선발과 훈련 공급, 젊은이에 대한 국가의 통제, 그들의 사회적 지위와 명예의 획득과 보존 등을 기능으로 그 제도적 가치를 유지하고 있습니다. 정부는 학교를 국가 발전이라는 측면에서 인적자원을 관리하고 통제하려 하고, 개인은 자아실현을 통한 세속적인 성공의 통로로서 학교에 기대와 희망을 걸고 있습니다. 오늘날 학교라는 제도가 유지되는 이유가 사실은 교육적이거나 신앙적인 것이 아니라는 것을 쉽게 알 수 있습니다.

학교와 교육의 의미

그러면 그리스도인들은 학교를 어떻게 봐야 할까요?

우선, 학교에서 교육과 관련된 것은 일부분에 지나지 않는다는 것을 이해해야 합니다. 즉 학교는 교육하는 곳이 아니라, 사회적으로 적응하고 성공하도록 필요한 훈련을 제공하는 하나의 제도에 불과하다는 것을 인정해야 합니다. 학교를 보내면 교육이 일어날 것으로 생각하면 안 됩니다. 반면에, 학교 이외의 일상에서도 교육은 쉽게 볼 수 있습니다. 성경은 학교라는 제도가 있기 전에 쓰였기 때문에 거의 모든 교육이 가정에서 부모가 맡거나 또는 성전이나 회당에서 이루어졌습니다. 학교가 없을 때 오히려 교육이 더 잘 되었는지 모릅니다.

여기서 '무엇이 교육인가?' 라는 의문을 갖습니다. 교육이란, 배우고 가르치는 과정입니다. 무언가를 알고자 하는 사람이 배우는 것이요, 자기가 알고 있는 것을 남에게 가르쳐 주려는 인간의 기본적인 욕구에서 교육은 출발합니다. 즉 모르면 배우려 하고, 알면 가르쳐주고 싶은 심정을 교육적 본성이라고 합니다. 하나님은 사람에게 이러한 본성을 주셨습니다. 교육적 본성을 가지고 인간은 창조세계의 질서와 법칙을 발견하고 그것을 가르쳐 주는 체험을 통해 기뻐하는 삶을 삽니다. 이런 의미에서 교육은 인간의 교육적 본성에 기초를 두고, 하나님이 주관하는 세계의 질서와 법칙들을 발견하고, 그것을 남에게 설득하는 과정 속에서 배우는 자와 가르치는 자가 교육의 세계를 체험하고 지적 감흥을 맛보는 것입니다. 세계와 인간의 삶에 대해 하나님이 주신 사명을 깨닫고 그 사명을 구체적으로 감당하도록 돕는 것이 교육이라 할 수 있습니다.

학교 공부의 진정한 의미

이렇게 본다면 학교 공부가 단순히 상급학교 진학을 위한 세속적 의미만 있는 것은 아닙니다. 과학탐구 과목을 통해 하나님이 창조하신 자연세계의 질서와 법칙들을 잘 배우고, 사회탐구 교과를 통해 하나님이 섭리하시는 인간세계의 질서를 이해하고 사회와 문화를 보는 안목을 갖게 됩니다. 예체능교과를 통해 하나님이 자신에게 주신 재능들을 잘 계발하고 하나님을 기쁘시게 하며 이웃을 섬기는 삶을 사는 능력을 배우는 것입니다. 하나님께서는 우리에게 언어와 수리 능력을 기르도록 하시고, 외국어 실력과 정보통신 활용능력도 갖추어서 영향력 있는 그리스도인으로 성장하도록 하신 것입니다. 이런 하나님에 대한 믿음이 있기에 우리는 학교 공부에서도 하나님께 순종하는 삶을 사는 것입니다.

하나님은 각 사람에게 재능을 분량대로 주셨습니다. 주신 분량대로 학교생활을 하는 것입니다. 그리고 학교 공부를 통해서 하나님의 창조주 이심을 깨닫습니다. 하나님이 내게 주신 사명을 깨닫게 되면, 그 사명을 감당하고자 비전을 가지고 구체적인 자기 훈련을 하면서 배우고 가르치는 기쁨을 누리는 것이 '학교를 다닌다.'는 의미일 것입니다. 학교를 다니는 의미 또는 학교에 보내는 의미가 회복되고, 우리 아이들이 학교에서도 무언가를 배우고 가르치며 함께 성장하는 기쁨을 되찾는 날을 기대해 봅니다.

25년이 지난 요즈음 나는···.
2005년

1980년 5월 11일은 '샬롬' 지가 세상에 처음으로 나온 날입니다. '샬롬' 지는 태어나자마자 그다음 주에 5·18 광주민중항쟁을 맞이합니다. 1980년대를 열기 시작하면서 민주화의 물결이 청년 대학생들을 희망에 부풀게 했지만, 신군부의 총칼은 광주를 희생 제물로 삼아 이를 무참히 짓밟아버렸습니다. 이러한 암울한 시대적 배경 속에서 '샬롬' 지는 태어났습니다. 그때 나는 전남대학교 4학년이었고, 광주서현교회 대학부 회장이었습니다. 개발독재를 통해 장기집권을 하고 있던 박정희 정권이 무너져 가고 있을 무렵, 1979년 가을에 당시 교회 대학부에서는 매일 성경으로 개인적인 말씀 묵상 훈련을 시도하였고, 요한복음 성경공부를 통해 청년 대학생들의 영적 성장을 도모하기 시작했습니다. 그러면서 1980년 5월에 광주항쟁을 겪어야만 했고, 그 참담한 심령 가운데에서 '복음이 나의 심령과 이 시대를 구원하리라'는 열정을 품고 체계적인 말씀 공부 운동이 이어졌습니다. 성경 말씀을 통해 하나님은 누구이며, 그분이 어떤 일을 하셨고, 나에게 어떤 말씀을 하시는가를 깊이 묵상하면서 하나님을 알아가는 큰 기쁨이 있었습니다. 복음서를 공부하면서 예수님의 삶을 배웠고, 예수님이 원하시는 인격과 공동체가 무엇인지를 알아가며 알 수 없는 풍성함을 맛보았습니다. 1980년대 대학가에 운동권이 시대 흐름을 흔들고 있을 때, 청년대학부에서는 복음으로 훈련된 그리스도의 제자를 양육하는 말씀 공부 운동이 영적 흐름을 주도하고 있었습니다. 당시 묵상 훈련과 말씀 공부는 개인적 영적 성숙과 교회 청년공동체의 성장과 부흥을 가져다주었습니다. 그러나 어느 틈에서인가 말씀묵상과 제자 양육에 대한 열정이 점점 식어지면서 우리는 침체의 늪을 통과하고 있는 것 같았습니다.

'샬롬'지 창간 25주년, 지령 1300호!

어느덧 이제 25년이 지나가고 있습니다. 20대에 청년 대학생이었던 나에게 20대 청년 대학생인 딸을 둔 40대 후반의 삶이 전개되고 있는 것입니다. 25년이 지난 지금, 2005년 5월, 나는 무엇을 하고 있는가?

나는 일용할 양식으로 사사기 말씀묵상, 박은식 목사님의 사사기 말씀 강해, 그리고 목적을 이끄는 삶으로 풍성한 하루를 살아가며 지난 5월을 알차게 지냈습니다. 학교 수업과 대학 강의 등으로 나를 바쁘게 이끌어 가고 있지만, 내 삶을 이끄는 하나님의 목적과 계획이 무엇인지 찾아가고 있습니다.

그리고 이제 우리 교회 청년공동체를 돌아보게 됩니다. 청년 제자 공동체의 성장과 부흥을 위하여 몇 가지를 제안하며 하나님께 간절히 기도합니다. '샬롬' 창간 25주년을 기념하면서.

첫째, 청년 예배에 기쁨이 넘치는 찬양과 깊이 있는 말씀이 넘치게 하소서. 청년 시절 예배를 중심하는 삶의 리듬을 잘 가꾸어 가도록 인도하소서. 수요예배 사사기 말씀 강해에 청년들이 헌신하는 마음으로 자신을 드리게 하소서. 그리하여 교회 청년들이 하나님께 기쁨이 되는 삶을 통해 교회 공동체를 새롭게 하며 이 시대를 능력 있게 살아가게 하소서.

둘째, 날마다 말씀을 묵상하는 청년들로 세워 주소서. 새벽이슬 같은 주의 청년들이 말씀으로 깨어나 순수하게 빚어지게 하소서. 말씀을 통해 하나님이 누구이며, 어떤 일을 하시고 계시며, 우리에게 무슨 말씀을 하시는지 민감하게 받아들이고 순종하며 오늘 하루도 살게 하소서.

셋째, 주의 제자로 양육되어 실력 있고 영향력 있는 사람으로 주의 뜻을 이루기에 합당한 사람으로 준비되게 하소서. 제자 양육을 위한 리더 훈련에 중심을 두고 헌신적으로 참여하게 하소서.

넷째, 그리스도를 믿고 영접하여 구원의 확신을 가지고, 복음 제시를 잘 하는 청년들 되게 하소서. 복음의 핵심을 잘 전달하고 그리

스도를 믿고 영접하도록 돕는 일에 탁월하도록 훈련되게 하소서. 예
수님의 이름으로 기도합니다. 아멘.

우리의 삶에 이미 목적이 있었다

"여러분! 사랑합니다~!" 그 뜻은 God be with you!
"선생님! 축복합니다~!" 그 뜻은 God bless you!

요즈음 선생님이 조금 달라진 것처럼 보이지 않나요? 무언가 좋아졌지요? 그래요. 이유가 있어요. 나는 왜 이 세상에 존재하는가? 그 이유를 드디어 발견했거든요. 대단하죠? 우리 인생의 목적이 무엇인지 정확히 알았어요. 그리고 그 목적에 따라 순종하는 삶이 무엇인지를 깨달았죠. 삶의 목적, 우리가 이 땅에 살고 있는 이유를 알아냈어요. 궁금하지요? 무언가 깊은 것을 알고 나니까 너무 기뻐요.

아리스토텔레스라는 유명한 철학자가 말하기를, '모든 만물은 목적을 가지고 있으며, 그 목적을 향해 움직인다.'고 했어요. 그러면서, '인간의 목적은 행복이고, 그래서 인간은 누구나 행복을 위해 살아간다.'고 했어요. 여러분의 생각은 어떠한가요?

지금까지는 내 꿈이 내 삶의 목적인 줄 알았습니다. 나의 자아실현과 행복이 나의 소중한 꿈이었습니다. 그런데 내 꿈이나 내 소원에 초점을 맞추면 삶의 목적을 결코 찾을 수 없습니다. 오히려 잃게 됩니다. 왜냐하면 내가 존재하는 이유가 내 안에 있는 것이 아니기 때문입니다. 사람들은 내 안에서 한번 찾아보려고 애쓰면서 살고 있지요. 그런데 결국은 찾지 못해서 목적 없는 허무한 인생을 살다가 갑니다.

삶의 목적을 찾으려면 모든 것이 어떻게 시작되었는지를 알아야 합니다. 이 우주가 시작되고 우리 인간이 창조될 때, 그 목적이 있었습니다. 그 목적을 알아야, 내 삶의 목적이 보이겠지요. 우리가 이 땅에 살고 있는 이유를 알고 싶다면, 모든 생각은 이 세상을 창조하신 하나님으로부터 시작되어야 합니다. 왜냐하면 우리는 하나님의 목적에 의해서 하나님의 목적을 위하여 창조되었기 때문입니다.

이걸 알게 되면, 우리의 삶에 아무리 사소한 일도 우연이 아닙니다. 모든 것이 하나님의 목적에 따라 계획되어 있습니다. 하나님이 우리를 계획하였습니다. 그래서 당연히 하나님을 알 때, 우리 삶 속에서 그 의미와 목적을 발견할 수 있습니다. 그리고 이 하나님의 목적을 위하여 우리에게 건강, 재능, 가정, 학교 공부 등을 허락하였습니다. 이 목적을 알고 나니까, 건강하게 살아야 할 이유, 내 온 정성을 다해 여러분을 잘 가르쳐야 할 이유가 보이는 거예요.

혹시 자신의 삶보다는 유명한 연예인들의 삶에만 관심을 가지고 있는 사람도 많을 것입니다. 대중매체의 상업주의에 자신이 매몰되는지도 모르고 그저 목적 없이 살고 있지는 않은지요?

이제 여러분도 한번 찾아보세요. 하나님이 나를 창조하신 목적과 내 인생에 대한 계획이 무엇일까? 그리고 그 목적을 위해 내게 주신 재능이 무엇이며, 그것을 어떻게 잘 관리하고 개발하여 그 목적을 이루며 살아갈까? 이걸 발견하면 학교 공부를 하고 있는 이유가 분명해지면서 기쁨과 감동이 있을 거예요. 여러분 앞에 서 있는 선생님의 기쁨과 감동처럼.

여러분, 우리의 삶에는 이미 하나님의 목적이 있습니다. 오늘도 하나님이 여러분을 먼저 사랑합니다. 복된 하루를 사세요.

독서는 우리를 자유롭게 합니다

2006년

새봄을 맞아 새로운 친구들과 새로운 공동체를 시작하게 되었습니다. 늘 새로워지는 사람이 행복한 삶을 살게 됩니다.

"복 많이 받으세요!"

"행복한 하루 보내세요!"

이런 말들은 날마다 새로워지는 삶을 살아가면 현실이 되는 말들입니다. 늘 하던 대로 살면 늘 그렇게 되는 것입니다. 그러나 늘 새로워지면 그만큼 성숙하고 복된 삶을 사는 것입니다. 지난 학년에 여러분이 어떤 이미지로 살았는지 선생님은 관심이 없습니다. 여러분이 오늘부터 어떻게 새로워지는지에만 관심을 갖겠습니다. 선생님도 작년보다 아이들을 사랑하고 잘 가르치는 선생님으로 새로워지겠습니다. 늘 새로워지면 항상 행복해집니다.

지난 연말에 1년을 돌아보는 기회를 가졌습니다. 선생님의 삶을 돌이켜 보고 내가 가르치는 아이들이 하루를 어떻게 사는지에 대해 깊은 생각을 하였습니다. 선생님은 TV에, 여러분은 PC에 매달려 시간을 죽이고 있다는 것을 알았습니다. TV나 PC는 우리의 생존과 생활에 필수조건은 아닙니다. 그러나 우리는 TV와 PC의 노예 상태에서 인생을 살고 있다는 생각이 들었습니다. 우리가 누리는 문화가 밝고 아름답고 생명력이 넘치는 것이어야 할 텐데, 대중매체가 심어주는 무의미한 말 나부랭이들과 인터넷의 어두운 밤의 문화가 우리를 지배하고 있습니다. 밤의 문화에 취하여 낮에는 졸고 있는 아이들이 많아서 안타까웠던 한 해였습니다.

TV와 PC로부터 해방!

우리를 밤의 문화로부터 자유롭게 하고, 새벽 같은 젊음으로 힘차게 생명력을 누리며 살게 하는 것이 무엇일까요? 우선 성경을 묵상하는 것이라고 생각했습니다. 새벽에 일찍 일어나 성경을 읽고 묵상하기 위해서는 일찍 자야겠고, 그러기 위해서는 TV를 빨리 꺼야겠지요. 교회에서 청년들을 밤의 문화로부터 해방시켜 새벽 문화를 일으키고자 시도를 하였습니다. 새벽 6시에 모여서 성경을 묵상하고 서로 깨달은 것을 이야기하며 성경이 준 교훈대로 그날 하루를 살도록 기도하고 서로 격려하며 하루를 시작하는 것입니다. 선생님도 슬그머니 청년들을 따라서 이 묵상 모임에 함께 하고 곧바로 학교에 출근하고 있습니다. 일찍 자고 일찍 일어나게 될 수밖에 없겠죠? 늘 새로워지는 느낌, 늘 활기찬 느낌으로 하루하루가 감동적입니다. 또, 독서에 대해서 새로운 생각을 하게 되었습니다. 독서에 몰입하면 TV와 PC로부터 벗어날 수 있지 않을까요? 책에 푹 빠지면 우리 인생을 TV와 PC로부터 구해낼 수 있을 것입니다. 졸음과 피곤함을 물리치고 삶의 목적을 향하여 자신을 의미 있는 일에 몰입하게 하는 힘이 바로 책 속에 있지 않을까요? 독서가 주는 감동과 생명력은 우리의 상상을 뛰어넘는 위대한 힘이며 행복입니다.

독서가 너를 자유롭게 하리라!

지난겨울, 첫눈이 너무 많이 왔었지요. 밤새 눈이 쏟아지던 날, '책 읽는 방법을 바꾸면 인생이 바뀐다.'는 책을 밤 깊도록 읽었습니다. 가끔 심심하면 시간을 보내기 위해서 이 책 저책 뒤적거리는 정도로 독서를 해왔습니다. 그런데 이 책을 통해 독서에 대해 놀라운 것들을 발견하였습니다. 독서기술을 잘 익혀서 잘 가르쳐주고, 독서의 즐거움과 그 유익함을 함께 누리는 문화가 우리 시대에 절실하게 요구된다는 것을 알게 되었습니다.

독서에도 목적이 있습니다. 그냥 편안하게 음미하면서 독서 그 자체를 즐기는 독서도 있습니다. 독서가 하나의 휴식이요, 취미인 경우입니다. 또 내면 성숙을 위해, 책에서 제시하는 주제와 구조를 잘 이해하고 깨달은 지혜를 몸소 실천하는 독서도 있습니다. 성경을 읽는 것이 이런 경우에 해당합니다. 또 전문지식을 습득하기 위한 독서도 있습니다. 관심 있는 분야에 대하여 또는 학교학습에 관련된 책들을 읽는 것입니다.

　독서에도 방법이 있습니다. 독서도 기술이고 수준과 단계가 있습니다. 독서의 목적에 적합한 효과적인 독서 방법들이 있습니다. 어떤 때는 개괄적으로, 또는 분석적으로, 때에 따라서는 종합적으로 책을 읽는 방법이 있다는 것입니다.

　올해는 책을 읽는 기술을 익혀 봅시다. 학습 능력도 향상될 것입니다. 링컨은 기도와 독서로 위대해진 사람입니다. 어린 시절 링컨은 네 권의 책을 소유했을 뿐이고, 이 네 권의 책이 링컨의 인생을 바꾸어 놓았고 그를 위대한 사람으로 만들었습니다. '성경', '워싱턴 전기', '천로역정', '이솝우화' 이 네 권의 책입니다. 여러분을 위대하게 만들 책은 어떤 것일까요? 올 한해 함께 읽을 책들이지 않을까요? 책 읽는 방법을 알고 책에 빠지면, PC에 매인 우리들이, 공부에 시달리는 우리들이, 자유로워질 수 있습니다. 잠에서 해방! 공부에 몰입! 독서에 길이 있고, 선택은 자신에게 있습니다.

감사와 순종의 마음으로

2006년

우리가 처음 만났을 땐, 꿈을 나누던 봄의 설렘이 있었죠? 이제 짙어지는 신록과 함께 시원한 바람이 교실 창문을 밀고 들어옵니다. 우리는 학습공동체로 만났습니다. 앞으로의 진로를 탐색하고자 꿈 이름으로 서로를 불러 주기도 하였습니다. 자신이 관심이 있고 잘 할 수 있는 일을 발견하여 진로를 찾아내는 연습을 하였습니다. 진로에 맞는 학습 대책을 세우고 공부에 집중하는 요령과 습관을 훈련하면서 지난 2개월을 보냈습니다. 새로운 학습 습관을 익히면서 그동안 우리는 많이 새로워지고 성숙되었습니다. 우리가 서로 사랑하고 신뢰하는 마음이 충만하였기에 가능한 일이었다고 생각합니다. 그래서 기쁩니다.

이제 5월입니다. 우리 마음에 감사와 순종의 마음이 넘치는 계절입니다. 어버이날이 있고, 스승의 날이 있습니다.

어버이날은 어버이에 대한 은혜에 감사하고 어른과 노인을 공경하는 전통적 미덕을 기리는 날입니다. 1956년부터 '어머니날'로 지키다가, 1973년부터 5월 8일을 '어버이날'로 정하였습니다. 사순절의 첫날로부터 넷째 일요일까지 어버이의 은혜에 감사하기 위하여 교회를 찾는 영국·그리스의 풍습에서 시작되었다고 합니다. 1910년 무렵 미국의 한 여성이 어머니를 추모하기 위하여 교회에서 흰 카네이션을 나누어 준 일에서 유래하여, 어버이날에는 카네이션을 달아주는 문화가 생겼습니다. 올해는 엄마 아빠와 함께 동네에 홀로 사시는 할머니를 찾아뵙는 것도 참 의미가 있을 것입니다. 조그만 선물 하나 들고 가서, 어깨도 주물러드리고, 이런저런 이야기를 들어주는 시간을 한 번 가져 보면 좋겠습니다. 선생님도 교회에서 하고 있는 경로 사업에 참여하여 어버이날을 의미 있게 보내겠습니다. 아빠 엄마를 통해 나를 이 땅에 있게 하신 하나님께 감사하는 마음이 있기에 내 인생을 향한 하나님의 계획과 목적을 알게 됩니다. 그리고 그 목적에 이끌리어 오늘 하루도 순종하며 살아가는 것입니다.

스승의 날은 교권 존중과 교원의 사기진작 등을 위하여 5월 15일에 지키는 기념일입니다. 1963년 청소년적십자 중앙학생협의회가 5월 26일에 사은행사를 한 것이 시초이며, 1965년부터는 세종대왕 탄신일인 5월 15일로 변경되었습니다. 1973년 정부의 정책에 따라 폐지되었으나, 1982년에 부활되었습니다. 이날은 교육공로자에게 정부가 포상을 하며, 동창회·사회단체 등이 사은행사를 합니다. 옛 스승을 찾아뵙는다든지 병중에 있거나 생활이 어려운 스승을 위문하며, 각 학교에서는 스승에게 카네이션을 달아드리고 여러 가지 행사를 갖습니다. 존경하는 선생님께 수줍게 건네는 카네이션 한 송이는 너무 아름답습니다.

그러나 최근 많은 오해가 있습니다. 그리고 잘못된 문화로 서로에게 상처를 주기도 합니다. 이번 스승의 날은 다르게 보냈으면 합니다. 사실, 스승의 날은 옛 은사님을 생각하고 그분의 가르침을 돌이켜보며 자신을 돌아보는 날입니다. 현재 선생님께 선물하는 날이 아닙니다. 하루 수업 안 하고 노는 날이 아닙니다. 지금의 내 모습이 있기까지 함께 하여 주신 고마우신 선생님들을 한 분 한 분 마음에 그려보는 날입니다. 옛 선생님들의 이름을 써 보고, 그분들의 가르침을 적어보고, 그 고마운 마음을 글로 써보고, 가능하면 편지로 보내는 날입니다. 우리 가운데 그리움의 정서와 감사함의 정서를 가득 채우고 느끼는 날입니다.

또한, 부모님들이 자녀의 선생님을 챙기는 날이 아닙니다. 아빠 엄마는 아빠 엄마가 오늘이 있기까지 고마웠던 은사님이 따로 있습니다. 그분들께 전화도 하고 카드도 보내고 찾아뵙기도 하는 날입니다. 물론 자녀를 학교에 맡겨 놓고 수고하시는 선생님께 감사의 표시를 하는 기회로 여기는 것이 나쁠 것이 있느냐고 되물을 수도 있습니다. 그렇지만, 스승의 날은 그런 날이 아닙니다. 아빠 엄마들이 스승의 날이 다가오면서 느끼는 부담감을 올해는 덜어 드립시다. 집에 가서 "우리 선생님은 내가 감사의 마음을 전할 테니, 엄마는 엄마의 은사님을 찾아뵈세요."라고 전해 주세요. 은혜에 감사하는 날을 부담스러운 날로 오염시키지 맙시다.

혹시, 스승의 날에 우리 담임 선생님만 외롭지 않을까 걱정하지 마십시오. 선생님도 졸업한 제자들이 있습니다. 스승의 날은 그 제자들이 나를 찾아 주는 날이어서 기쁜 것입니다. 여러분은 내년 스승의 날에 보고 싶습니다. 마치 스승의 날은 성년의 날과 비슷한 시기입니다. 성년이 된 제자들을 축하하며 스승의 날에 만나는 졸업생들은 너무나 큰 보람을 느끼게 합니다. 아직 졸업을 하지 않은 여러분은 옛 은사님들께 고마움을 전하는 것이 옳습니다.

스승의 날에 여론들이 선생님들의 마음을 괴롭게 하고 교육계를 시끄럽게 합니다. 하지만 아직 우리는 교육에 대한 믿음과 희망을 갖고 있습니다.

'어둔 밤 지나고 동튼다. 환한 빛 보아라. 저 빛!'

이 땅에 사는 고3들을 위한 기도
2006년

여러분, 사랑합니다. 축복합니다. 오늘은 수능을 앞둔 우리 고3 들과 한국 교육을 위해 하나님께 기도합시다.

"우리의 길을 아시는 하나님 아버지! 우리의 앞길을 인도해 주세요. 우리에게 하나님이 주신 마음, 하나님이 주신 관심, 하나님이 주신 능력을 잘 발휘하도록, 지혜도 주시고 도전하는 용기도 주세요. 우리가 관심 있는 분야에서, 우리가 잘 할 수 있는 분야에서, 하나님의 목적을 이룰 수 있도록 도와주세요.

내가 평생 살아가야 할 분야에 진출하기 위해서, 우리들은 대학 진학을 앞두고 있습니다. 탁월한 선택의 지혜와 적합한 전략과 치열

한 준비로 하나님이 허락하신 분야에서 많은 사람에게 선한 영향력을 미치는 삶을 살게 해 주십시오. 다른 사람의 덕을 보고 사는 인생이 아니라, 많은 사람들에게 덕을 끼치는 삶을 살게 해 주세요. 하나님이 주신 축복으로 이웃을 복되게 하는 삶을 살게 해 주세요.

그런 삶을 살기 위해서 지난 세월 동안 열심히 준비하고 나름대로 노력하였지만, 너무 부족하여 불안하고 두렵기도 하고 힘듭니다. 시험 날이 다가올수록 공부에 푹 빠져, 공부에 가속도가 붙게 해 주세요. 한 가지 일에 전념하게 하시고, 두려움보다는 자신감이 앞서게 하여 주세요.

우리를 돌보시며 늘 마음 졸이시는 아빠와 엄마, 그리고 우리의 진로를 위해 애쓰시는 선생님들께도 저희들을 향한 하나님의 뜻을 의지하여 저희들을 실제적으로 도우실 수 있는 평강을 허락해 주세요. 우리들이 늘 감사하고 순종하는 마음을 가져서 불필요한 감정 소모와 갈등을 줄이도록 해 주세요. 학교에서 이루어지는 다양한 일상의 삶 속에서 우리들이 실력을 갖추고 영향력 있는 인격을 갖출 수 있도록 도와주세요. 친구들을 돌아보며 서로에게 힘이 되도록 도와주세요. 지친 모습으로 인해 서로 힘들지 않도록, 힘찬 모습으로 서로에게 힘을 북돋아 주게 해 주세요. 몸은 상쾌하게, 마음은 충만하게, 공부는 확실하게, 서로를 격려하며 서로가 감동하며 살아가게 해 주세요.

이 땅의 교육이 우리를 힘들게 하지만, 또 그것을 감당하고 뚫고 나갈만한 생명력과 자신감을 우리에게 넘치게 하소서. 하나님의 의도에 벗어난 어두운 모습들이 우리 교실 안에 보이지만, 결국은 하나님이 회복하고 하나님의 계획을 이루리라 믿습니다.

너희 속에 착한 일을 시작하신 이가 그리스도 예수의 날까지 이루실 줄을 우리가 확신하노라. 이 말씀 붙들고 비록 연약하지만, 하나님께 의지하며 기도하게 하시고 그 기도의 응답으로 오늘 하루도 살게 해 주세요. 우리가 공부할 때에 우리 곁에 계시는 하나님으로 인해 소망을 얻습니다.

하나님이 우리를 여기까지 인도해 주셔서 감사합니다. 영역별로 자신이 없고 준비가 없어서 약해진 부분에 대해 철저한 진단과 대안을 마련하여 지혜롭게 공부할 수 있도록 해 주세요. 공부를 하면 할수록 공부할 것이 많아져서 마지막까지 최선을 다하는 저희들이 되도록 인도해 주세요. 하나님이 주신 능력을 잘 갈고닦아서 충분한 실력을 발휘하게 하시고, 하나님이 주신 분량만큼 결과에 감사하며, 하나님이 허락하실 길을 탁월하게 선택하는 11월, 12월이 되게 해 주세요. 내년에 대학 캠퍼스에서 하나님을 만나고 싶습니다. 예수님 이름으로 기도합니다. 아멘."

하나님을 의지하고 기도하고 나니까 한결 마음이 평안해지지요.

지난 10월 초 PGA투어에서 22언더파로 우승한 최경주 선수는 "개막 전날 교회에 가서 오랫동안 기도했어요. 우승을 바라기보다는 내 능력을 최대한 발휘할 수 있도록 해달라고 빌었지요. 그랬더니 모처럼 편안한 마음으로 대회에 나설 수 있었어요. 무엇보다 퍼트가 잘 됐어요."라고 소감을 말했습니다.

수능시험 후 여러분의 소감이길 바랍니다. 여러분만큼이나 선생님도 긴장되고 기대가 됩니다. 여러분은 열심히 공부하지만, 선생님은 열심히 기도합니다. 여러분의 이름을 일일이 부르면서 새벽마다 기도하고 있습니다. 여러분이 관심 있는 분야에서 하나님께 쓰임 받게 해 주시라고 기도합니다. 요즈음 공부에 푹 빠져 수능 준비에 몰두하는 모습이 너무 아름답습니다. 수능시험이 가까이 올수록 공부에 가속도가 붙고, 전념하여 집중하면 약한 부분이 잘 보강되어, 11월 23일이 승리의 날이 될 것입니다. 그날이 우리를 기다리고 있습니다. 하나님께서 예비하시고 우리를 준비하게 하시며, 늘 함께하시니 감사할 따름입니다.

'강하고 담대하라.'

하나님의 말씀입니다.

너, 바빠? 나, 바빠!

바쁜 나를 위하여, 2007년

사람은 누구나 그 누구보다 자신이 가장 바쁜 법입니다. 나도 그 누구보다 바쁜 것처럼 착각하고 삽니다. 바쁜 것이 아니라 할 일이 많은 것뿐입니다. 할 일이 많다는 것은 그만큼 하나님이 내게 주신 사명이 많고, 그것을 감당할 달란트도 많이 주셨다는 것을 의미합니다. 많은 달란트를 축복으로 받아 그만큼 내 사명을 다하고 있는 것입니다. 다만, 그 할 일을 지혜롭게 감당하지 못하고 있을 뿐입니다. 세월을 아끼라는 성경의 가르침에 순종하지 못하고 어리석게 시간을 낭비하니까 그만큼 바쁜 것입니다.

나는 바쁘다

얼마나 지혜가 없이 사는지요? 2007년, 나는 바쁩니다. 대한민국 고3 선생님! 특수 직업이라고 할 만합니다. 아침 7시 15분에 자습을 시작하게 하려면 7시에는 출근해서 청소 지도, 지각 지도로부터 하루는 시작됩니다. 그리고 수업지도와 자습지도를 하다 보면 밤 10시까지 무엇을 했는지 금방 하루를 보냅니다. 1주일에 한 번은 밤 11시 40분까지 근무하고 집에 오면 자정을 넘깁니다. 보통 하루에 15~16시간을 근무합니다. 아이들 수업지도와 진학상담으로 받게 되는 스트레스는 오히려 행복한 것입니다. 34명 아이들이 돌아가면서 일으키는 크고 작은 문제들, 정신적인 고민을 포함해서 신체적인 질병까지 대한민국 교사는 어디까지가 자기 책임인지를 알 길이 없습니다. 사소하지만, 학생 당사자에게는 중요한 일들이 교사에게는 헤아릴 수 없이 많고, 이를 해결하면서 겪는 고충은 거의 수모에 가까운 스트레스를 줍니다. 휴일도 없습니다. 다행인 것은 우리 학교만 주일에 쉽니다. 그래도 전년도 우수대학 입시 결과, 광주 1위를 했습니다.

주일 아침 7시 30분 예배를 위해, 7시에 찬양 연습에 들어갑니다. 아침 먹고 약간의 여유가 있기는 하지만 10시 30분 청년부 지도부 기도모임, 11시 찬양 연습, 11시 30분 청년부 성경공부, 1시에 3부 청년 예배, 3시쯤에 집에 도착, 월드 리더스쿨 독서수업 준비, 7시 30분 저녁예배로 안식날이 지나갑니다. 월요일 아침을 맞이하면, 다람쥐 쳇바퀴처럼 일주일은 빨리도 돌아옵니다. 간간이 저녁 자습 지도 담당 일을 피해 가면서 목요일은 서현 월드 리더스쿨 교사모임, 금요일은 구역예배와 교육학회 세미나 모임, 토요일 오후에는 월드

리더스쿨, 저녁에는 ESF 코이노니아 모임에 참여합니다. 수요예배 로마서 강해는 꿈만 꾸고 있습니다. 그 어느 것 하나도 빠질 수 없는 소중한 모임들입니다.

이런 생활리듬이 거의 몸에 습관처럼 굳어 있어서 지극히 자연스럽기까지 합니다. 별로 피곤하지도 않습니다. 누적된 피로에 몸도 지쳐 적응된 듯합니다. 시간은 나이가 들어갈수록 더 빠르게 지나갑니다. 시간에도 가속도가 붙는 모양입니다. 내가 바쁘니까 지나가는 세월도 함께 바쁩니다. 이렇게 가는 게 인생일까요?

바쁘니까 기도하자

바쁜 데 언제 기도하나요? 바빠서 기도를 못 하는 것은 진실이 아닙니다. 진실은 기도를 안 하니까 바빠지는 것입니다. 하나님께서 내게 많은 사람과 많은 일을 맡긴 것은 혼자서 바쁘게 살게 하신 것이 아닙니다. 그 이유는 그들과 그 일을 위해 기도하게 함으로, 내 삶이 늘 하나님의 살아계심과 인도하심을 체험하게 하는 것입니다. 하나님께 보다 가까이 나가게 하신 것입니다. 나는 바쁘니까 기도합니다. 기도하면 지혜를 얻고, 능력을 얻게 됩니다. 그 결과 열매도 풍성하게 됩니다. 우선순위가 보여 시간을 짜임새 있게 관리하고, 지혜로우신 성령의 능력으로 최선의 과정과 결과를 얻게 되며, 거기에는 삶의 감동을 머금고 있습니다.

바쁠수록 책을 읽자

TV는 나를 바쁘게 합니다. TV를 본 다음 날은 어김없이 피곤하고, 일의 능률이 떨어져 할 일을 미루게 되고, 미룬 만큼 바빠집니다. TV는 삶의 에너지를 소진하지만, 독서는 삶의 에너지를 충전시킵니다. '한 주간에 두 권씩 읽자'라고 다짐합니다. 읽은 만큼 삶이 풍요롭고 여유롭습니다.

독서는 삶을 충만하게 합니다. 독서는 위대한 변화를 가져옵니다. 책은 사람의 내면적 성숙과 세상을 변화시키는 위대한 힘이 있습니다. 예수님의 복음이 오늘날까지 위대한 영향력을 미치는 것도 곧 성경이라는 책의 위력이지 않습니까?

독서는 삶의 질을 끌어올립니다. 많이 읽되 더 깊이 감동하고, 그 감동의 폭을 생활에 끌어들일 수 있는 지혜를 갖추게 합니다. 책은 삶에 감동과 즐거움을 주어 그 깊이와 의미를 높여 줍니다. 독서는 삶의 길을 찾게 합니다. 독서는 가장 효율적인 쾌락입니다. 독서처럼 유익한 것도 없습니다. 벗 삼아 읽은 책, 평생의 스승이 됩니다. 모든 쾌락은 시들어도 독서의 즐거움은 지속됩니다. 건강한 신체를 위해서는 운동을 해야 하듯이, 건전한 마음은 독서를 필요로 합니다. 독서는 충실한 인간을 만들고, 그 충실한 인간은 늘 여유로움 속에서 삶의 가치와 의미를 누리게 됩니다.

바쁘니까 기도하자! 바쁠수록 책을 읽자!

은은하고 잔잔하게
나의 신앙고백, 2008년

말씀대로 부활하신 주님. 2008년 8월 8일. 잠에서 깨어나 부활의 산 소망으로 새 날의 새 생명을 누리게 하시는, 하나님의 한결같은 은은하고 잔잔하신 은혜에 감사와 찬양을 드립니다. 50년 평생을 살아온 한 인생이 이 시간 하나님 앞에 섰습니다. 아직도 내 인생에 하나님의 기대가 조금이나마 남아 있습니까? 이 시간 하나님이 보여주신 대로 내 인생에 하나님이 가지신 은은한 비밀과 잔잔한 인도하심을 믿음의 동역자들과 나누어 갖기 원합니다. 주의 십자가와 부활에 힘입어 담대하게 말하게 하소서. 예수 그리스도의 이름으로 기도합니다. 아멘.

나는 전라도 목포에서 나고 나주에서 자라 광주에서 학교를 다녔으며 지금도 광주 땅에서 학교 선생으로 살고 있습니다.

어린 시절

초등학교 5학년까지는 농촌에서 살았습니다. 시골교회 주일학교에서 배운 찬양과 성경 이야기 그리고 성탄절에 있었던 일들, 어머니 손을 잡고 눈 오는 십 리 길을 따라 새벽 기도 드리던 일들이 신앙적인 가치관을 형성하고 신앙적 분위기와 문화에 친숙하게 하였습니다.

청소년 시절

십대가 되면서 광주로 전학을 와서 광주서현교회에서 유년주일학교를 마치고 중학시절과 고교시절을 보냈습니다. 특히, 고등학교 시절에 주일 밤 예배를 찬양으로 섬겼던 학생 성가대 봉사는 제가 하나님을 의지하고 믿음의 길을 지키며 사는 중요한 고리가 되었습니다. 이때 찬양은 저에게 큰 소망과 힘이 되었던 것 같습니다. 물론, '너희 속에 착한 일을 시작하신 이가 그리스도 예수의 날까지 이루실 줄을 우리가 확신하노라' 는 빌립보서 말씀은 저에게 많은 확신을 주었습니다. 그리고 모든 일을 하나님께 맡기고 저를 믿어 주신 어머니의 기도가 저의 청소년기를 이끌어주는 매우 큰 힘이었습니다. 어머니의 기도로 인해 나의 인생 가운데 큰 시련과 갈등 없이 복된 신앙생활을 누리고 있다고 생각합니다. 말없이 가족들을 지켜보시는 아버지는 은밀하게 우리를 돌보시는 하나님의 마음을 느끼게 해 주었습니다.

대학시절 4년과 대학원 2년은 서현교회 대학부 활동을 통해 신앙 성장을 하였습니다. 대학부의 다양한 신앙 프로그램과 SCE 연합 수련활동은 신앙 성숙의 좋은 기회가 되었습니다. 특히, 3학년 때부터 시작한 말씀묵상은 30여 년이 지난 오늘까지도 이어진 경건한 습관이 되었습니다. 연약한 가운데서도 말씀을 통해 하나님을 알고 그 하나님께 순종하는 삶을 살아가도록 인도해 주셨던 것 같습니다. 4학년 때 5·18을 겪으며 많은 좌절이 있었지만, 교회에서 10단계 성경공부를 통해 예수님을 나의 구주로 확신하게 되었습니다. 대학을 졸업하면서 ESF를 알게 되었고, ESF에서 요한복음 성경공부를 통해 예수님을 인격적으로 닮고자 했습니다. 예수 그리스도를 만나는 기쁨과 말씀이 주는 충만을 맛보게 하였습니다. 대학원에 진학하여 2년 동안 교육심리학을 연구하고, 광주중앙여자고등학교에서 교사 생활을 하였습니다.

그러던 중 시골 중학교로 발령을 받아 교직생활을 새롭게 감당하다가, 그해 9월부터 군에 입대하였습니다. 군대 생활은 그동안 받은 신앙훈련을 기초로 시편 묵상과 아침 큐티를 생활화하는 계기가 되었고, 중대 신우회를 조직하여 전도하고 사도행전 그룹 공부를 인도하며, 부족하지만 전도와 제자 양육의 삶을 누리는 기쁨이 있었습니다. 저에게 군 생활은 영적 훈련 기간이었습니다. 군 제대 후에는 ESF에서 다시 창세기 공부와 로마서 공부를 통해 하나님이 주관하시는 이 세계 속에서 나의 삶의 의미를 발견하게 되었습니다.

성서교육의 실천

학교 선생님은 저의 어릴 적 꿈이었고, 그래서 사범대학에 진학하였습니다. 1981년 광주중앙여자고등학교에서 윤리와 사회문화 교과를 가르치면서 교직에 첫발을 내디뎠습니다. 가르치는 교과의 특성상 개인의 도덕적 자각과 더불어 시대적 사명을 깨닫게 하는데 목적을 두고 교사 생활을 하였습니다. 그러면서도 대학원에 진학하여 교육심리학을 연구하며 끊임없이 교육에 대한 탐구는 지속하였습니다. 구림고등학교에 복직하여 4년 동안 시골 학교 사역을 하였습니다. 학생들과 구원의 확신을 위한 성경공부, 교사들과 마가복음 성경공부를 하면서 복음 증거자로서 삶을 살고자 노력하였습니다. 이 무렵 한국성서교육회를 창립하고 예수 그리스도를 닮은 교사 양성, 성경적인 교육연구와 실천, 성경적인 교직풍토 등을 목표로 전국적인 활동을 하였습니다. 광주숭일고등학교로 옮겨온 후에도 어떻게 하면 기독 교사들이 예수님의 성품을 가지고 학교에서 성경적인 교육을 실현할 수 있을까를 고민하였습니다. '하나님 나라와 학교 공부'에 대한 연구를 하면서 이 땅에서의 삶이 하나님 나라와 어떤 관계가 있는지 공부하게 되었고, '복음에 합당한 공부 방법' 등을 연구하여 학생들과 워크샵을 열기도 했습니다. 성경적인 학급 운영, 성경적인 교과지도, 성경적인 학습방법 등 다양한 주제로 매년 1회씩 전국의 기독 교사들과 워크샵을 정기적으로 가졌습니다. 특히 기독교사는 성경공부, 학급 운영, 교과지도에서 탁월한 전문성과 함께 성경적인 세계관으로 접근해야 한다고 생각하고, 학생들과 함께 구원의 확신을 위한 공부와 창세기 성경공부, 복음적인 학급문화, 기독교적인 교육과정 개발 등에 참여하였습니다. 학교에서 수업할 때도 내가 가르치는 교실에 성령님이 늘 인도하셔서 아이들을 진리와 지혜로 인도해 주신다는 믿음으로 가르쳤습니다.

결혼과 가정생활

대학시절부터 같은 교회에서 함께 신앙성장을 한 지금의 아내와 결혼을 하였습니다. 부모를 떠나 서로 연합하여 한 몸을 이루는 결혼에 대한 성경의 가르침을 소중히 여기며, 우리 가정에 두신 하나님의 비전을 세워나갔습니다. '여호와를 경외하는 것이 너의 보배니라(이사야 33:6)' 를 가훈으로 하나님을 예배하는 가정, 서로 사랑하는 가정, 이웃을 대접하는 가정, 땅 끝까지 선교하는 가정이 되려는 꿈을 이루며 살고 있습니다.

교회와 신앙 활동

고등학교 때부터 섬겨온 성가대는 지금까지 하나님을 높이고 찬양하는 은혜를 누리게 하였고, 고등학교를 졸업하면서부터 유년주일학교 서기와 교사로 말씀을 배워서 가르치는 기쁨이 있었습니다. 대학시절에는 대학부 학생회에서 총무 2년, 회장 1년을 봉사하였고, 졸업 이후에도 리더로 섬겼습니다. 군대를 다녀와서도 대학부 지도 위원과 고등부 교사와 부장으로 섬기다가, 2001년부터는 7년 동안 대학부 지도부장으로 섬겼습니다. 교회 자치기관 활동은 1989년에 청년회장, 2000년에 청장년 회장으로 섬겼으며, 2003~2004년에는 광주노회 CE 부회장으로 섬겼습니다. 특히 문서 발간에 관심이 많아서 1980년 대학부 회보 『샬롬』지 창간과 편집, 1988년 청년회보 『그향』지 창간과 편집, 1993년부터 교회 계간지 『서현』 편집, 1994년 창간된 청장년 회보 『포도나무』지를 편집 발간하기도 하였습니다. 1998년에는 교회 90주년을 맞아 교회사 발간 총무로 일하기도 하였습니다. 2008년에는 교회 100주년 위원회 부장으로서 기념사업을 주관하였습니다. 주일예배와 각 기관 봉사, 월요 누룩 선교훈련, 화요 기독교강요 산책, 수요예배와 월드 리더스쿨 교사모임, 금요 구역예배, 토요 월드 리더스쿨 수업, 그리고 중보기도 사역 등을 감당하며 살아왔습니다. 앞으로 제자훈련을 통해 나의 일상에 제자도를 실천하는 성숙된 삶에 도전하며 실천하고자 합니다.

지금까지 나를 인도하신 하나님을 한마디로 표현하면, '은은하고 잔잔하신 하나님'. 지금까지 나의 인생을 돌아보며 고백하는 말, '이 모든 것이 은은하고(대화) 잔잔하신(섭리) 하나님의 은혜였노라'. 하나님과의 은은한 대화(그분의 비밀을 나누는 인격적 대화)와 잔잔한 섭리(묵묵히 바라보시며 인도하시는 하나님의 잔잔한 손길)를 체험하며 사는 것이 가장 형통한 삶, 평범한 신앙인, 바로 나의 지난 인생이었습니다!

은은한 비밀(은밀)

　사랑에는 비밀이 있습니다. 그 비밀에 나도 사랑으로 반응합니다. 하나님과 사랑으로 나누는 은밀한 대화, 은밀한 기도와 은밀한 말씀 묵상은 내게 은은하신 하나님의 사랑을 느끼게 합니다. 은밀한(은은한 비밀을 가진) 기도는 은밀한 중보기도의 감동을 말합니다. 저는 토요 1~2시에 기도실에서 기도합니다. 신앙생활의 기쁨 중에 하나는 알아주는 기쁨보다 몰라주는 기쁨입니다. 내가 몰래 기도하고 있는 그 누군가가 성장해 가는 모습을 볼 때 느끼는 이 은밀한 감동, 그것은 하나님이 주신 기쁨입니다. 물론 저를 위해 중보기도하시는 분들(어머니, 권사님들, 중보기도실의 기도)이 주는 기쁨과 든든함은 이루 말할 수 없습니다. 은밀한(은은한 비밀을 가진) 묵상은 은밀한 인격적 대화방식으로 반응하는 큐티를 말합니다. 본문에 기록된 말씀을 그대로 받아들이며 반응하는 기도와 그 말씀대로 순종하며 헌신하는 기쁨으로 참여하는 큐티는, 살아계셔서 내 영혼을 사로잡는 하나님의 사랑에 감격과 흥분을 느끼게 합니다.

　하나님이 내게 베푼 구원도 은밀한 것이었습니다. 저는 언제 구원받는지 확신은 언제 생겼는지 알 길이 없습니다. 누구에게 전도를 받는지 저는 기억나지 않습니다. 다만, 지금 내게 구원에 대한 감사와 소망에 대한 확신이 있다는 것만 분명할 뿐입니다. 은밀하게 구원하여 주신 하나님의 사랑에 힘입어 나도 주님처럼 말로 증거할 뿐 아니라 충만한 삶으로 은밀하게 증인의 삶을 살고 싶습니다.

　하나님이 내게 베푼 은밀한 사랑은 그 누구도 알지 못합니다. 나 자신마저도 모르는 경우가 많습니다. 나도 모르게 은밀히 바라보시며 나를 보살펴 주시고 인도하시는 하나님, 그래서 그 하나님이 더욱 기쁘고 감사하며 더욱 신실하게 믿어집니다. 나도 주님처럼 은밀한 사랑을 베풀며 살고 싶습니다. 남이 모르는 은밀한 선행에는 말할 수 없는 큰 기쁨이 따르게 되고, 그 기쁨이 가져다 주는 충만함은 삶에 엄청난 저력을 갖게 합니다.

하나님이 내게 베푼 은사는 하나님이 값없이 주신 선물로서, 하나님이 하시고자 하는 일과 계획을 의미합니다. 예를 들어 내게 가르치는 은사를 주셨고, 교사의 직임을 주셨습니다. 무엇 때문일까요? 하나님이 하시고자 하는 계획을 이루려고 주신 것입니다. 내게 주신 은사를 통해 하나님의 비밀을 보게 됩니다. 형제들이 가진 은사를 보고 하나님의 비밀을 보는 기쁨. 하나님이 보여 주신 대로 보고 그 섬김의 기쁨을 주님처럼 누리길 원합니다.

잔잔한 손길(섭리)

사랑에는 손길이 있습니다. 그 손길에 나도 섬김으로 보답하며 살아갑니다. 하나님은 하나님 나라의 거룩한 성도로 나를 부르셨고, 지성인 복음운동을 통한 성서한국 세계선교를 이루시고자 기독 학사로 부르셨고, 이 땅에 성서교육을 실천하도록 기독 교사로 부르셨습니다. 이 부르심의 손길에 기쁨으로 헌신하도록 하셨습니다. 오직 사랑과 섬김으로. 모든 은사와 모든 직분과 모든 업무에는 사랑이 있어야 합니다. 그래서 우리가 사모해야 할 가장 큰 은사가 사랑입니다. 이 모든 것을 통해 하나님의 영광과 이웃의 유익을 위하여 덕을 세워야 합니다. 이를 위해 나도 주님처럼 섬기는 삶을 살아야 합니다. 그 섬김은 은밀하고 잔잔해야겠습니다. 은은하게, 잔잔하게 나를 지켜주시고 인도하시는 하나님의 은혜에 힘입어 그 하나님 앞에서 나도 은은하고 잔잔하게 섬기고 사랑하며 남은 삶을 살겠습니다.

비전과 기도제목

첫 번째, 성서가정

하나님을 경외하고 서로 사랑하며, 이웃을 잘 대접하고 땅 끝까지 선교하는 가정으로 쓰임 받기를 원합니다. 미래와 세계를 향한 믿음 있는 도전을 허락하시고 늘 감사와 기쁨이 넘치게 하소서.

두 번째, 한국교회

이제는 다음 세대가 복음의 불모지, 새로운 선교지가 되고 있습니다. 한국교회가 청소년을 향한 눈물의 기도와 창의적 접근을 통해 부흥을 이루길 원합니다. 학부모와 청소년을 위한 묵상 & 고전 프로그램으로 한국교회 주말학교 모형을 제시하여 보급할 수 있도록 인도해 주세요. 또한 동아시아 지역 교육선교에도 쓰임 받게 하여 주소서.

세 번째, 한국 교육

학교를 살려주세요. 수업이 살아나게 하여 주세요. 교실에서 일상생활에서의 제자도를 실천하게 하소서. 하나님의 창조세계와 그 안에 살아가는 우리들의 역할과 사명을 잘 깨닫는 수업이 되게 해 주세요. 수업에서 아이들과 행복을 누리도록 영성 있는 상상력과 창의력을 허락해 주세요.

네 번째, 성서한국

학부모 묵상 운동과 독서 운동에 관심을 가지고 있습니다. 아직은 관심 단계이지만 하나님께서 다방면으로 준비시키고 계십니다. 학부모들의 변화가 아이들을 살리는 길이고 교육과 한국을 변화시키는 지름길이기에 그리스도인들과 교회의 시대적 결단이 여기에 있다고 봅니다.

다섯 번째, 세계선교

한중일 동남아 동북아 지역에 교육선교를 위해 교회와 함께 기도하고 있습니다. 교육선교의 좋은 모델이 될 만한 학교 프로그램도 개발, 시도하고 있고요. 아직은 기도 단계이지만, 하나님께서 문을 여시고 기다리고 계시리라 믿습니다.

대학생활과 하나님 나라

하나님은 우주 만물을 창조하시고, 사람을 창조하시어 그 우주 만물을 맡기셨습니다. 인간은 하나님의 형상을 가진 존재로 창조되었기 때문에, 하나님의 뜻에 합당하게 만물을 다스려야 합니다. 하나님은 온 땅에 하나님의 영광과 그의 통치가 가득 드러나는 하나님 나라를 이루시고자 합니다. 사람들은 이러한 하나님의 의도와 질서를 깨뜨리고 자신이 하나님이 되고자 합니다. 인간은 오히려 만물에 지배당하고, 그것에 얽매이는 존재로 전락하여 죄악에 허덕입니다. 하지만 예수 그리스도의 구원사역이 성취되면서 하나님의 나라는 완성되었습니다.

하나님의 구원 역사가 성취되는 과정에서 하나님은 우리를 부르시고, 그리스도의 은혜로 인하여 믿음으로 구원을 얻게 하십니다. 우리는 하나님 나라에 대한 산 소망 가운데, 하나님이 주신 지혜와 능력 그리고 삶의 조건들을 통해 이 땅에서 사명을 다하는 축복을 누립니다. 우리의 구원은 하나님이 그리스도의 구원사역을 통해 이루려는 하나님 나라를 성취하려는 방편으로 이루어집니다. 예수 그리스도를 영접하고 그의 인격과 삶을 배워 이 땅에 선한 영향력을 끼치는 것으로 하나님 나라를 준비하고, 하나님이 친히 이루시는 구원사역에 함께 동역하기 위함입니다. 그 놀라운 하나님의 계획 속에 우리가 택함 받고 신앙훈련을 받게 된 것입니다.

그렇다면 우리의 삶은 어때야 하는지 분명하지 않습니까? 예수를 믿는다는 의미는 무엇입니까? 자신의 여러 활동 중에 신앙생활이 첨가되는 것이 아닙니다. 그것은 자신의 삶 전부와, 행하는 모든 일에 하나님의 주권을 인정하는 전인격적 삶의 변화를 의미합니다. 하나님의 주권은 단순히 교회와 신자의 영적 삶에만 국한되는 것이 아닙니다. 그것은 창조세계 전반에 걸친 전 우주적 통치입니다. 신앙으로 훈련받아 온전해진 우리의 삶이, 모든 영역에서 하나님께는 영광이 되고 이웃에게는 사랑과 유익을 주는 것이어야 합니다. 따라서 우리는 대학시절에 철저한 신앙훈련과 함께 전공 공부 등 다양한 영역에서 준비를 해야 합니다. 이러한 수고와 노력은 하나님 나라를 준비하는 신앙적 행위가 됩니다.

먼저 우리는 신앙훈련에 수고와 애씀을 아끼지 말아야 합니다.

창세기와 요한복음 그리고 로마서를 깊이 있게 공부하는 것은 기본입니다. 이 세 가지 성경공부는 끝마쳐야 리더나 교사로서 자격이 있습니다. 아침 말씀을 묵상하고 집중적으로 기도하는 습관은 평생토록 절실한 하나님으로부터의 요구입니다. 이러한 훈련을 체계적으로 쌓는 시기가 대학시절입니다. 신앙공동체 안에서 서로 사랑하고 교제하며 크리스천 문화를 형성하고, 지체들 간에 다양한 은사를 발휘하여 하나님 나라를 이루는 동역의 그릇을 만드는 시기가 또 대학시절입니다. 대학시절에 전공 공부와 직업훈련을 열심히 하는 것도 신앙적인 삶입니다. 하나님은 다양한 영역을 허락하시고, 유기적인 사회구조를 통하여 하나님의 구속 사역을 감당하게 하였습니다. 주의 백성들은 자신의 분야에서 하나님의 의도가 무엇인지를 묻고 그 뜻에 합당한 직업적 업무 수행을 통해 하나님 나라를 준비하도록 해왔습니다. 대학시절에 전공을 성경적 세계관에 재조명하여 공부하고, 직업적 성취를 위해 필요한 기능을 습득하는 준비를 철저히 해야 합니다. 하나님은 신앙적으로 준비된 자가 직업적 기능을 갖추고 있을 때, 그 분야를 그에게 맡길 것입니다. 우리는 이런 믿음으로 사는 하나님의 백성입니까?

뿐만 아니라 우리는 하나님의 성서 가정을 이루기 위한 준비도 해야 합니다. 좋은 직장을 얻기 위해 도서관에서 밤늦게까지 취직 공부하는 이는 흔합니다. 하지만 좋은 가정을 이루기 위해 공부하는 이는 찾아보기가 쉽지 않습니다. 가정을 통해 이룰 구원사역에 대한 준비를 하지 못하고, 부부의 도리와 자녀 교육에 대한 전문성이 없이 어설프게 결혼하는 경우가 대부분입니다. 하나님의 사역보다는 가정에 안주해 버리고 신앙에 나태해지는 경우도 많이 보게 됩니다. 부부 간의 인격적인 삶을 통한 천국을 가정에서 누리지 못하는 것입니다. 자녀들을 이해하고 그들과 대화하는 기술이 서툴러서 답답한 부모가 됩니다. 대학시절에 성경적인 세계관을 기초하여 마련된 이성관, 결혼관, 가정 사역, 자녀교육에 대한 훈련을 쌓아야 합니다.

대학시절 시대에 눈을 뜨고, 하나님 앞에서 시대에 책임 있는 삶을 살도록 준비해야 합니다. 분단 50년을 살아온 우리가 그 왜곡된 모순 구조에 편승하여 자신의 기득권을 얻어내려고 할 때, 빛이 바랜 신자, 나약한 신자가 됩니다. 이 시대에 하나님의 역사적 주권 사역을 꿰뚫어 보는 성경적 세계관을 기초로 신앙양심을 지키며 선한 영향력을 갖추어야만 능력 있는 크리스천이 될 수 있습니다. 대학은 이제 낭만의 캠퍼스가 아닙니다. 기독대학인에게는 하나님의 사람으로 훈련받는 신앙의 터전이요, 사역지입니다. 우리는 이곳에서 신앙인으로, 전문적 직업인으로, 인격적인 가정의 부모로, 이 시대에 책임 있는 사명인으로 준비되어야 합니다. 하나님은 준비된 자들에게 하나님 나라를 허락하십니다.

예수를 주로 받았으니

2012년

"그러므로 너희가 그리스도 예수를 주로 받았으니 그 안에서 행하되 그 안에 뿌리를 박으며 세움을 받아 교훈을 받은 대로 믿음에 굳게 서서 감사함을 넘치게 하라" (골로새서 2:6-7)

덕Virtue, 본Modeling, 힘Empowering이 되신 예수님! 우리는 예수님 덕에 구원을 받았고, 예수님을 본받아 이만큼 살아왔고, 예수님을 힘입어 여기까지 왔습니다. 이제 나도 덕이 있고 본이 되고 힘이 되는 교사의 삶을 살게 하소서. 덕이 되고 본이 되고 힘이 되는 교사를 절실히 원합니다. 하나님께서 원하십니다. 이 시대가 원하고 있습니다. 아이들이 간절히 원합니다.

바울은 그 시대에 교회를 위하여

바울이 알기를 원하는 것이 무엇입니까? 그리스도가 비밀이라는 것을 알기 원합니다. 이 비밀은, 성경에 소개되었습니다. 다시 그리스도를 깨달으면 믿음이 강하여지고, 더 풍성해지며, 사랑으로 하나 된다는 것을 알기 원하였습니다. 그리스도 안에 지혜와 지식의 모든 보화가 감추어져 있음을 알기 원합니다. 보기에는 좋아 보이나 실제로는 거짓된 유혹들에 속지 않기를 원합니다. 선한 삶과 믿음 안에 굳게 서기를 원합니다.

그러면, 바울이 행하기를 원하는 것이 무엇입니까? 성경은 말합니다. 그리스도 예수를 주로 받아 그 안에 행하라. 그 안에, 그리스도 안에 신성의 모든 충만이 육체로 거하시고 우리도 그 안에서 충만하여졌다. 그 안에 뿌리를 박고 세움을 받아 말씀대로 믿음에 굳게 서서 감사함을 넘치게 하라. 그는, 예수 그리스도는 모든 통치자와 권세의 머리이기 때문입니다.

우리는 이 시대에 무엇을 위하여?

이 시대에 우리가 그리스도 예수를 주로 받았으니 그 안에 행하여야 합니다. 우리가 예수를 주로 받았다는 의미는 무엇일까요? 그리스도 예수를 주님으로 믿습니다. 그리스도에 의해 죄의 세력에서 벗어났습니다. 그리스도와 함께 죽었고 그리스도와 함께 다시 살아났습니다. 죽은 자 가운데서 살리신 하나님의 역사를 믿습니다. 죽었던 우리를 하나님이 그리스도와 함께 살리시고 모든 죄를 용서해 주셨습니다. 우리를 거스르고 불리하게 하는 모든 것을 십자가에 못 박았습니다. 하나님이 세상의 주권과 능력을 꺾으시고, 온 세상 사람들에게 십자가를 통한 승리를 보여주셨습니다. 우리도 그 안에서 충만하여짐으로 그 안에서만 진정으로 완전한 삶을 살게 되었습니다. 예수님이 내 삶의 주인이십니다. 예수님 안에서 모든 것을 공급받고 살고 있다는 뜻입니다.

그러면 그리스도 예수 안에서 행하라는 의미는 무엇입니까? 그분 안에서 충만하고 완전한 삶은 우리에게 당연한 것입니다. 그분이 우리의 주님이시니까요. 그리고 그 안에 뿌리를 박으며 세움을 받는다는 의미는 무엇입니까? 그분 안에 깊이 뿌리를 내리고, 그 위에 우리의 삶을 계획하십시오. 말씀 위에 삶을! 성서 위에 교육을!

교훈을 받은 대로 믿음에 굳게 서서 감사함을 넘치게 하라는 의미는 무엇일까요? 성경의 가르침은 분명합니다. 애매하지 않습니다. 완전합니다. 분명히 읽을 수 있는 글자로 똑똑하게 기록된 말씀입니다. 다만, 말씀에 대한 우리의 태도가 불분명할 뿐이지요. 말씀을 그대로 순종하기보다는 자기가 해석한 만큼, 철학과 헛된 속임수로 애매하게 받아들입니다. 자기가 받아들인 만큼만 순종합니다. 말씀대로 살면 세상에서 손해 볼 것 같고, 하나님이 늘 내 생각과는 다른 쪽으로 인도하실 것 같아 불만이 많지요. 기도한 대로 잘 안 들어 주시지요. 자신의 생각에 맞춤식으로 시늉만 내고, 할만큼 한 걸로 자기 교만에 빠져있습니다. 분명한 가르침에 분명한 태도를 취하십시오. 이것이 믿음에 굳게 서는 것입니다. 내 생각이나 계획을 말씀에 맞추려 하면 불만스러울 수밖에 없죠. 말씀에 내 삶을 비추고 그 분명한 가르침 앞에 순종의 태도를 취하십시오. 범사에 감사가 넘칠 것입니다. 괴로움을 기뻐하는 교사가 됩시다. 아이들을 위해 고난을 잘 감당하면 기쁨이 되고 감사가 넘치게 됩니다.

감사가 넘치는 교사의 삶은 어떤 것일까요? 우리가 교사가 된 것은, 내게 주신 직분을 따라 하나님의 말씀을 이루려 함입니다. 내 꿈이 교사였기 때문이 아닙니다. 교사가 자기 꿈을 실현하려 하면 안 됩니다. 교사는 하나님 덕에 아이들의 덕이 되어야 합니다. 교사는 예수님의 본을 받아 아이들의 본이 되어야 합니다. 교사는 성령의 능력을 공급받아 아이들에게 힘이 되어야 합니다.

덕이 뭡니까?

우리는 하나님 덕에, 부모님 덕에, 선생님 덕에, 친구들 덕에 지금 여기에 있습니다. 모든 것이 하나님의 은혜입니다. 하나님이 우리를 하나님 형상대로 창조하셨습니다. 우리 안에 하나님의 성품이 있기에, 그 덕으로 우리가 살고 있습니다. 하나님의 형상대로 창조됨에 힘입은 우리가 세상의 빛이고 세상의 소금입니다. '교회의' 빛과 소금이 아니라 '세상의' 빛과 소금인 것입니다. 우리 덕에 세상이 회복되고 생명을 얻게 됩니다. 내 덕에 우리 반 아이들이 먹고삽니다. 내 덕에 우리 반 아이들이 생명을 얻고 풍성하여지고, 지혜와 지식이 충만하여집니다. 내가 바로 아이들을 충만한 삶으로 인도하는 통로입니다.

본은 무엇입니까?

하나님의 모든 성품이 이 땅에서 사람의 모습으로 사신 그리스도에게 완전히 나타났습니다. 이것이 바로 충만입니다. 우리도 그리스도 안에서만 완전한 삶, 충만한 삶을 살게 됩니다. 예수 그리스도만이 우리에게 하나님의 모습을 드러내는 본이 되셨습니다. 오늘날은 예수 그리스도를 믿는 우리를 통해서 그 본이 나타나게 됩니다. 믿지 않는 자들에게 믿는 자는 하나님의 성품과 예수 그리스도의 본이 됩니다. 믿는 우리가 간절히 원하는 바이지만, 믿지 않는 자들도 우리에게 이것을 간절히 요구하고 있습니다. 모든 아이들에게 우리는 하나님을 드러내는 본이 됩니다. 성서교사의 수업과 삶이 하나님의 성품이 나타나는 통로입니다. 이것을 보고 우리는 축복의 통로라고 말합니다. 예수님은 하나님의 본체, 하나님의 형상이십니다. 예수님은 십자가 복음이 되셨습니다. 예수 그리스도를 본받는 우리가 아이들 앞에 하나님의 형상으로 인격적 본이 되어야 합니다. 아이들 앞에서 우리의 삶이 곧 예수님의 십자가 복음이 되어야 합니다. 바울을 보십시오. 너희를 위하여 받는 괴로움을 기뻐하고 그리스도의 남은 고난을 그의 몸 된 교회를 위하여 자기 육체에 채웠습니다. 하나님의 말씀을 이루기 위해서. 우리도 이런 본이 되어야 말씀을 이루며 살 수 있습니다.

힘은 무엇인가요?

이를 위하여 내 속에서 능력으로 역사하시는 이의 역사를 따라 힘을 다하여 수고합시다. 이 일을 위하여 힘쓰고 애쓰며 내 안에서 능력을 주시는 그리스도를 의지하며 힘차게 나아갑시다. 바울은 그들을 위해 자신이 얼마나 최선을 다하고 애쓰고 있는지를 알려 주고자 하였습니다. 우리가 하나님이 공급하시는 힘으로 힘차게 최선을 다하고 힘을 쓸 때, 아이들이 힘을 얻게 됩니다. 아이들에게 잔소리나 하는 부모나 교사는 결국 아이들을 나약하게 만듭니다. 좌절하게 만듭니다. 회복적 생활교육은 하나님으로부터 얻은 위안과 평안의 힘으로 아이들을 격려하고 힘을 얻게 하는 것입니다. 아이들이 마음에 위안을 얻어 굳세어지고 사랑 안에서 서로 하나가 되고 확실한 이해로 모든 것에 풍성함을 누리는 것이 회복적 생활교육입니다. 이렇게 살도록 우리 교사들이 아이들에게 힘이 되어야 합니다.

아이들에게 덕이 되고 본이 되고 힘이 되는 선생님! 학교에서 교사들에게 덕이 되고 본이 되고 힘이 되는 교직원! 한국교육을 위해 덕이 되고 본이 되고 힘이 되는 성서교육회! 교회에서도, 세상에서도, 덕이 되고 본이 되고 힘이 됩시다.

기억하라! 기뻐하라! 기대하라!

2013년

선생님이고 싶었습니다. 선생님이 된 후 좋은 교사이고 싶었습니다. 하나님이 기뻐하시는 좋은 교사이고 싶었습니다. 처음에 좋은 교사는 아이들과 선생님들께 복음을 잘 가르치는 사람이라고 생각했어요. 학교에서 아이들과 마가복음 공부를 하고 창세기 공부를 했을 때 나는 기뻤습니다. 선생님들과 모여서 사도행전 공부를 하면서 나는 내가 봐도 좋은 교사라고 착각했습니다. 그러나 학급에서 수업에서 좋은 교육을 맛볼 수는 없었습니다. 나는 학급활동을 통해 예수님 닮은 선생님이 될 꿈을 다시 갖게 되었습니다. 월별로 아이들과 함께 하는 다양한 활동들은 또 한 번 나를 좋은 교사라고 착각하게 했습니다.

교과 수업에서도 좋은 가르침을 꿈꾸면서 벽에 부딪혔습니다. 세상을 보는 눈이 다른 교과서와 그 교과서를 잘 배워서 대학에 진학하려는 아이들과 부모들. 이들의 기대가 요구하는 좋은 교사란 무엇일까? 고민하였습니다. 고3을 맡으면서 입시 전문가로 변모하여 교육의 본질에서 벗어나는 나를 보게 되었습니다. 어차피 교육이 아닌 상황에서, 입시에서라도 성공하도록 돕는 입시전문가 역할을 하면서 좋은 교사인 체하며 위안을 삼곤 했습니다. 세태에 충실한 좋은 교사가 되었습니다. 하나님께서는 나에게 무엇을 기대하고 계실까? 더 이상 직업행위로서 교육은 그만두고 싶어졌습니다. 학교는 이미 죽었고 살아남은 교사와 학생들은 죽을 지경입니다. 이 죽음의 그림자 앞에 과연 복음은 무엇일까요?

학교폭력과 학생자살의 주범이 입시경쟁이라는데, 왜 그 경쟁을 방조하고 오히려 부추기는 것일까요? 입시가 지배하는 학교에서 자라난 다음 세대 아이들은 어떤 세상을 살게 될까요? 학교에서 교육이 가능한 날이 올까요? 그것도 하나님이 기뻐하시고 성령의 지혜로 충만한 교육을 맛보고 누리는 날이 언제쯤 올까요? 하나님이 창조하시고 다스리시는 세계를 잘 이해하고, 그 세상 가운데 자신의 위치를 발견하며, 자신의 역할을 한평생 잘 감당할 수 있는 힘을 갖게 하는 교육은 꿈에 지나지 않은 것일까요?

100년 전을 기억하라

100년 전, 망한 나라의 가난한 백성을 위해 빚고을 서쪽 언덕 향사리 조 선생 집에서 시작된 확장 주일학교가, 1912년에는 20달러 선교헌금으로 흙벽에 초가지붕이 올라가는 교회를 짓고, 여기에 다음 세대를 위한 배영학교를 시작합니다. 서로득 선교사가 그 아내와 함께 꾸었던 꿈, 바로 이러한 모임으로부터 극동의 기독교 활동의 지도자가 나올 것입니다. 이 꿈을 다시 기억합시다. 해외선교지, 특히 동남아와 동북아 곳곳에 학교를 세워 훌륭한 하나님의 사람을 기르는 일은 100년 전 주신 하나님의 꿈을 성취하는 일입니다. 선교지보다 더 열악한 한국교육을 살리는 일도 배영미래학교를 반듯한 학교 모델로 세우는 것으로 꿈을 구체화하고 한걸음 나아 갈 수 있으리라 생각됩니다.

이 세대를 기뻐하라

우리는 이 세대를 악한 세대, 다른 세대라고 걱정들을 앞세웁니다. 그러나 그만큼 복음의 능력이 절실하고 구원의 기쁜 소식이 절박한 세대입니다. 무엇으로도 설명이 안 되는 이 세대 아이들에게 유일한 소망이요, 기쁨이 되실 예수 그리스도를 심어 주어야 합니다. 그 일에 기쁨으로 헌신할 때가 바로 지금입니다. 하나님은 이 세대 가운데 하나님 나라를 책임질 훌륭한 하나님의 사람을 준비하시고자 많은 교사를 요구하고 계십니다. 우리가 그 요구에 순종하지 않아서 이 세대가 악할 뿐입니다. 이 세대 아이들을 기뻐하고 그들에게서 소망을 찾아야 합니다.

다음 세대를 기대하라

다음 세대는 하나님께서 세우십니다. 다만 우리는 하나님과 함께 그분이 세우실 다음 세대를 기쁨으로 섬길 뿐, 기대하고 기도하고 기다릴 뿐입니다.

하나님을 기억하라!
하나님을 기뻐하라!
하나님을 기다리라!

세월호를 이야기하라

2014년

세월호 참사는 엄청난 슬픔과 충격을 주었습니다. '가만히 있으라.'는 선내 방송에 300여 명의 희생자가 배와 함께 가라앉았고, '가만히 있으라.'는 정부 대처에 온 국민이 대한민국과 함께 가라앉고 있습니다. 지금도 남겨진 실종자가 있고 진실 규명은 한 발짝도 다가서지 못하고 있습니다.

세월호 이후 교실에 들어서면 감정을 누르고 평소처럼 '가만히' 수업하는 나를 봅니다. 혹시 세월호와 관련된 이야기가 나오면 '가만히 있으라.'고 말할 수밖에 없는 무기력감과 적극적으로 나서지 못하는 죄책감에 빠지기도 합니다.

이제 세월호를 이야기해야 합니다. 세월호 때문에 무엇이 고통스럽고 슬픈지 서로 위로하고 세월호 참사로 우리 사회가 받은 영향은 무엇인지, 문제를 바로잡기 위해 무엇이 필요한지 함께 이야기하는 자리를 만들어야 합니다. 솔직한 자기표현과 서로 다른 느낌에 대한 존중을 통해 새로운 가능성과 희망을 찾아가는 이야기로 소통을 시작해야 합니다. 무엇이 두려운가요?

국민적 애도가 승화되어 한국 사회를 변화시키는 열망을 담아내게 되기를 바라면서도, 시간이 흘러가면서 서서히 진실이 묻히고 잊히게 될 것 같은 불안감과 두려움이 생깁니다. 우리 사회의 지배 동맹세력은 모든 자원을 총동원하여 그만 잊고 미래로 나아가자고 이제 좀 '가만히 있으라.'고 다양한 수단으로 국민들을 호도하고 있습니다.

나를 위해 십자가에서 죽임 당하신 예수 그리스도를 기억하듯 우리는 거짓에 물든 사회 지배 구조의 모순에 죽임당한 304명의 이름을 기억해야 합니다. 나는 교사로서 세월호 아이들과 함께 하신 선생님들을 기억합니다.

양승진 선생님, 고창석 선생님, 전수영 선생님, 유나나 선생님, 이지혜 선생님, 김응현 선생님, 박육근 선생님, 이해봉 선생님, 남윤철 선생님, 최혜정 선생님, 김초원 선생님, 담임 선생님 전원과 학생부장 선생님 모두 열한 분의 이름을 마음에 담아 불러봅니다.

아직도 학생 5명, 교사 2명, 일반 2명, 일곱 살 권혁규 등 10명의 실종자를 찾고 있는 중입니다.

주님의 십자가 앞에 죄인이 회개하듯 우리는 거짓된 사회구조를 내 죄로 여기고 처절하게 회개해야 합니다. 참사를 통하여 한국 사회와 교회의 죄악상을 온 세계에 여실히 드러내시는 하나님 앞에, 우리는 실질적으로 회개하고 돌이켜 복음을 믿는 그대로 실천하는 강력한 결단이 요구됩니다. 하나님 나라의 정의와 평화는 사회적 약자를 진정으로 사랑하는 교회가 먼저 회개하고 돌이켜 복음을 바로 세울 때에 펼쳐지는 우리의 진심 어린 실천입니다.

부활하신 주님을 믿고 복음을 증거하여 제자들이 회복되었듯이, 우리는 이제 세월호를 이야기하며 한국 사회와 교회의 회복을 이루어내야 합니다. 세월호, 무엇을 기억해야 하며, 어떻게 기억해야 할까요? 우리 사회가 가지고 있는 잘못된 가치와 관행에 대해 이야기해야 합니다. "어쩔 수 없다."라고 하지 말고 이제는 나만이라도 해야 한다는 생각을 가져야 합니다. 우리는 이제 세월호 세대입니다. 우리가 지향해야 할 새로운 가치는 무엇일까요? 성찰이 필요합니다. 교회안에 성경과는 다른 가치와 관행들에 대해 이야기해야 합니다. 가만히 있어서는 안 됩니다. 복음 안에서 안전하게 살아가야 할 다음 세대를 기억해야 합니다.

"이제 그만 가만히 있으라."
"이제 의문을 제기하라."
"이제 질문하기 시작하라."

"솔직한 자기표현으로 서로의 느낌과 마음을 공감하며 이야기하라."

이제 새로운 소통이 시작됩니다. 비로소 진실에 다가서기 시작합니다.

영어 조기교육 논쟁

2016년

    저의 소박한 꿈은 공교육에서 배운 지식과 재능을 성경적으로 재조명하여 아이들이 지식과 능력을 겸비한 섬김으로 예수 그리스도의 제자도를 배우도록 돕는 일을 교육이라 생각하는 부모들이 많아지는 것입니다. 이제 하나님이 원하시는 교육원형으로 가까이 가기 위해 함께 고민하고 결단하는 이야기를 시작합니다.

    영어 조기교육의 불편한 진실! 엄마의 바람과 진실은 다를 수 있습니다. 영어 빨리 배우면 좋겠지요? 어려서 시작할수록 더 잘 배울 거라고 생각하시나요? 그런데, 그게 아니랍니다. 언어 습득에 적기가 있습니다. 더더욱 외국어 습득은 분명한 동기와 학습 집중력이 요구되기 때문에 어릴수록 헛고생일 가능성이 많아요. 영어 조기교육 논쟁의 결론은 영어 빨리 배우면 헛고생하게 됩니다.

그러면 언제 시작해야 할까요? 유치원부터 시작한 아이와 초등 3학년 때 시작한 아이를 비교했을 때, 누가 더 잘 할까요? 5세 때부터 3년 동안 배운 영어를 초등 1학년은 6개월이면 충분히 익힐 수 있습니다. 언제 시작하느냐는 중요하지 않습니다. 반기문도 중학교 1학년 입학해서 알파벳부터 배웠습니다.

물론 영어 원어민 발음을 익혀서 영어권에서 평생 살아야 하는 특별한 경우는 지금 당장 그 지역으로 이민을 가면 효과적으로 영어는 잘 할 수 있습니다. 여기서 조기 이민 효과와 조기교육 효과를 혼동하시면 안 됩니다. 우리 부모님들! 이민 보내기 위해 아이들이 영어공부하는 것은 아니겠죠?

그럼 영어공부는 어떻게 해야 할까요? 외국어 하나 습득하는데 걸리는 기간은 적절한 동기가 주어지면 6개월 동안 집중하면 가능합니다. 생소한 나라에 가서 언어연수 6개월이면 유학 공부할 수 있습니다. 절실하고 집중할 수밖에 없으니까. 그런데 우리는 10년이 넘게 영어공부가 아니라 시험공부를 하니까 점수는 나오는데 영어는 못하며 헛고생을 온 국민이 하는 셈입니다. 영어가 절실해지면 그때부터 집중하는 것이 영어 적기교육입니다. 자녀들과 일상적인 교육 경험을 다양한 삶 속에서 나누다 보면 아이들이 이루고 싶은 꿈이 생기고, 하고 싶은 일이나 관심분야를 갖게 하는 것이 먼저입니다. 그러다 보면 영어의 절실함을 만나게 됩니다. 아이들이 좋아하는 부분에서 영어를 만나도록 기회를 마련해야 합니다. 영어는 공부가 아니라 습득되는 것입니다. 언어는 사고의 수단이기 때문에 모국어에 의한 사고력이 갖추어져야 유창하지 않은 영어로도 자신의 지식이나 신념 그리고 논리적 근거에 기초한 자신의 이론을 전개할 수 있습니다. 명연설은 발음이 좋은 것이 아니라 좋은 내용이 담겨 있는 것입니다. 우선 독서와 체험을 통한 사고력을 키워나가면서 자신의 삶을 살아가는 것입니다. 사실 더 먼저는 자신을 소중히 여기고 책임감 있게 행하고 남과 협동할 줄 아는 태도를 어떻게 길러줄 것인가에 대한 답을 우리 부모들이 가지고 있어야 합니다.

우리들이 자녀들에 대해 갖고 있는 세속적인 탐욕에 대한 하나님의 징계로 온 국민이 영어로 고통받고 있지 않나 생각해 봅니다. 이 악순환이 성경의 사사 시대와 비슷하지 않나요? 우리가 부담을 가지고 고민하고 회개하며 하나님께 지혜를 간구해야 할 문제가 영어 조기교육 헛고생입니다. 특히, 영어유치원은 자녀의 전인 성장에 해롭기까지 합니다. 시작하는 시기보다는 영어에 대한 절실한 동기와 흥미가 있어야 영어가 됩니다. 영어는 일찍 가르칠수록 좋은 것이 아니라, 제때에 가르치는 것이 관건입니다.

김현우 OO학원 원장(정일선 선생님의 글을 읽고)

교육 이론을 정리하기란 참 어렵다고 생각합니다. 꼭 이것이 정답이다. 저것이 정답이라고 말하기 어려운 게 교육입니다.

선행학습에 관한 많은 말을 합니다. 요즘에는 선행교육 규제법이 생겼죠. 우리나라는 먼저 앞선 교육을 하면 법에 걸리도록 되어있습니다. 미래교육의 큰 오류라 생각합니다.

저는 아이들과 학부모와 거의 매일 상담을 합니다. 영재고 가려면, 과학고나 상산고를 가려면 어떻게 준비해야 하냐고 묻습니다. 답은 뻔합니다. 특목고에서 원할 만큼 실력이 있으면 됩니다. 그러면 어떻게 준비해야 할까요? 이것 또한 답은 뻔합니다. 작년에 특목고 65명을 보냈습니다. 영재고 33명, 과학고 25명 그리고 상산고 7명. 이러한 결과를 내기 위해 선행을 꼭 해야 한다고 생각하지 않습니다. 현 과정의 심화 학습이죠. 그러나 이들이 현과정만 심화했을까요? 거의 모두가 고등과정까지 했습니다. 그러면 일반고에서 현과정만 심화 학습하고 고1 입학한다면 과연 고1에서 어느 정도 버틸 수 있을까요? 의문이 생깁니다. 선행을 전혀 안 하면서 현 과정만 심화 학습 받는 학생은 얼마나 될까요? 아마 현 과정을 잘하는 학생은 선행도 누구보다도 더 많이 했다고 봅니다.

정일선 선생님의 글을 읽고 이론적으로 공감을 많이 해보았습니다. 선행 교육하지 말고 현재 과정만 심화로 잘하면 고1 때 누구보다도 잘 할 거라 저는 자신 있게 말 못 할 것 같습니다.

수학 선행교육 논쟁
2016년

수학은 미리 배울수록 좋을까요? 선행교육으로 미리 배워놓아야 진도를 잘 따라가겠지? 이런 바람과는 다른 진실이 있습니다. 수학 선행교육 논쟁의 결론은 수학 미리 배우면 포기하게 됩니다.

11월에 고3은 수능이 있죠? 온 국민들의 국가적 수준의 지대한 관심 속에서 매년 이맘때 치르는 수능이 우리 백성들과 청소년들에게는 어떤 느낌을 주고 있나요? 그때 다 겪어봤지만, 내 인생에 무슨 의미가 되었나요?

11월에 중3! 고입 전형 시기입니다. 영재고, 특목고, 특성화고, 자사고, 일반고로 촘촘하게 걸러지는 고교입시체제는 알고 보면 대학입시보다 훨씬 서열화되었고, 이때부터 인생의 쓰라린 실패를 제도적으로 맛봐야만 하는 심각성을 드러내고 있는데, 모르는지 모른 체하는지 온 국민이 외면하고 있습니다.

이 심각한 고교입시체제 경쟁 속에서 중학생 시절부터 구조적으로 무력감에 빠져, 결국은 포기하는…. 그들이 겪고 있는 고통을 바라봅니다. 수학 공부 그 헛다리를 밝혀내고, 기성세대들이 가져야 할 대안을 함께 모색하여야 합니다. 그리하여 우리 자녀들이 중고등학생 시절에 행복하게 공부하고, 엄마 아빠에게 감사하며 하나님께 영광을 돌리는 고백을 듣게 될 날을 기대해봅니다.

선행교육의 원인은 부모 욕심과 무지 때문이지요. 결과는 체계적으로 포기하게 만드는 구조가 만들어지는 겁니다. 선행학습 개념에 대한 국민적 집단 무지가 재앙을 불러왔습니다. 수학도 포기하고 부모와 관계도 깨지고. 수학 선행교육 논쟁의 결론은 수학 미리 배우면 포기하게 됩니다. 전혀 의도하지 않지만, 단계별로 체계적으로 수학을 포기하게 하는 대한민국 총체적 실상! 사실 그 원인과 대안은 단순하고 분명합니다.

보통 우리 대한민국 중학생들은 중2 종합반에서 자기 주도적 학습태도를 상실하고 의존적, 타율적 억지 공부를 합니다. 숙제도 스스로는 안 되고 학원 도움이 있어야 합니다. 안 가면 불안하고 엄마 안심시키기 위해 그리고 친구들과도 어울리기 위해 학원과 그 주변에서 시간을 보내기도 합니다. 이때부터 "공부를 좋아서 하는 사람이 어디 있어? 싫어도 할 수 없이 억지로 하는 거지." 이런 국민적 편견을 공유하게 됩니다.

중3이 되면 불안이 가중됩니다. 중3은 없고 예비 고1이 있을 뿐이죠. 갑자기 정신 차려서 고1 준비를 하게 됩니다. 여기서 잠깐! 선행학습, 선행교육, 사전학습, 선수 학습 등 혼동하고 있는 개념들을 정확히 할 필요가 있습니다. 학습심리학에서 학업성취에 영향을 주는 요인 중 학습자의 지적, 정의적 특성을 중시합니다. 지적인 특성은 선행학습, 지능, 창의성 등등. 정의적 특성은 동기, 불안 수준, 포부 수준 등등. 이런 요인 중 가장 중요한 요인이 선행학습입니다. 학업성취의 50퍼센트 변량을 차지합니다.

선행학습이 가장 중요한 변인입니다. 문제는 이 선행학습에 대한 개념에 치명적 오해가 우리 대한민국을 사로잡고 있다는 겁니다. 'Previous learning'이란 현재 학습과제와 관련하여 이전 단계에서 수행된 학습을 의미하는 것으로 선행학습, 사전학습, 선수 학습, 사전 성취 등으로 불려왔습니다. 고1 수학의 선행학습은 중3 수학을 의미합니다. 중3 수학이 고1 수학 학업성취를 설명해 준다는 것은 당연합니다. 중3 수학을 탄탄히 해 놓았을 때에 고1 수학을 잘 하게 된다는 선행학습이론은 학습심리학의 정설이고 당연한 상식입니다.

대한민국은 이 상식을 잘못 받아들여 중3 수학은 무시하고 중3 때 고1 수학을 미리 하는 것을 선행학습이라고 착각하기 때문에 헛다리를 짚다가 고1 때를 지나가면 수포자의 길로 빠지는 겁니다. 이것은 아이들 잘못이라기보다는 지나친 경쟁이 선행에 대한 집단적 오해를 낳아 국민적 불안감이 낳은 문화 구조적 고통 감수 현상입니다.

이 고통을 겪으면서 고1이 되면 미리 배운 수학이 오히려 학교 수업 집중력을 상실하게 되고 흥미가 떨어지고 학습 무력감으로 고2가 되면 수학 포기 현상을 대부분 겪게 됩니다. 고3 수학교실은 두서너 명만 남게 되고 수학시험은 일찍 찍고 잠자는 시간이 됩니다. 이게 누구의 잘못이라기보다는 선행에 대한 개념 혼동을 경쟁구조가 교묘하게 부추겨 우리도 무슨 일인지 모르는 척 허덕이게 되는 것입니다.

수학은 어렵고 지겨운 것이 아닙니다. 그 이전 단계 학습이 탄탄하게 잘 되어 있으면 새로운 다음 단계 학습이 궁금해지고 해답을 찾아가는 자신만의 창의성에 놀라게 됩니다.

중2 때 중2 수학만 제대로 하고, 혹시 중2 때 중2 수학이 어려우면 중1 수학을 공부하는 것이 선행학습입니다. 중3 때 중3 수학만 제대로 하면 얼마든지 고등학교 수학을 잘 할 수 있는 진정한 선행학습을 끝마친 것입니다. 고1 수학이 어려운 이유는 중3 수학 선행학습이 부족해서 입니다. 중3 과정을 보충하면 됩니다. 우리 아이 수학 어떻게 해야 할까요? 답이 보이지요.

대입 결과를 설명해 주는 성적 변인에 대해 일단 수학 성적에 한정해서 이야기를 다시 풀어갑니다.

수학 성적이 좋은 아이들의 유형이 너무 다양합니다. 어려서부터 엄마가 짜준 시간표대로 잘 따라 주어 끝까지 성적을 유지한 경우는 사실 드문 경우입니다. 그러나 성공한 케이스라고 착각하게 됩니다. 대학 가서도 엄마에 의존하지 않으면 아무것도 못 하고 방학 때부터 다음 학기 학점을 준비하는 대학시절을 보냅니다.

진짜 성공한 경우는 엄마가 신경 쓸 겨를이 없다 보니 아이가 스스로 자기 주도적으로 공부하여 수학에 흥미를 잃지 않고 끝까지 성적을 유지해서 입시에 성공하는 경우입니다. 이 경우도 그리 흔치는 않지만, 학원 안 다니고 미리 학습 없이 학교 진도에 맞춰가며 자기 실력을 잘 유지하는 아이죠. 이 경우에 학원을 가더라도 자신이 필요한 만큼 갑니다. 혹 선행을 하더라도 자신이 할만해서 하는 거지 시키니까 되지도 않는 시늉을 할 필요를 느끼지 않습니다. 중3 때 중3 수학만 하면 되지 뭐 하러 고1 수학을 미리 가져다가 고생하나요? 고1 때에 가서는 무엇을 하려고요?

이 두 가지 드문 경우를 제외하고는 거의 수학을 고만고만한 자기 실력을 유지하면서 입시를 준비합니다. 그러면 되는 겁니다. 내가 할 만큼 잘 감당하면 나올 만큼 성적이 나옵니다. 현 단계 수학을 잘 하면서요. '중3-고1-고2-고3' 이렇게 그때 수학을 그때 하게 하면 됩니다. 사실 제 단계 수학을 제대로 하는 것도 만만치 않습니다. 그런데 마음이 급해져서 다음 단계 수학을 미리 하겠다고 벼르다가 단계가 진행될수록 무너지게 됩니다. 그래서 고2 되면 수학 포기자가 될 수밖에 없습니다. 아이들 잘못 아닙니다.

답이 무엇이겠습니까? 예를 들어 중3 아이가 중3 단계 수학 수준을 잘 마스터하고 다음 단계 수학에 궁금증을 갖고 고1 수학을 하고 싶어 하는 경우를 제외하고는 미리 욕심을 내게 되면 포기하는 길로 가게 된다는 것입니다. 지금 거의 모든 대한민국 고1들이 이런 상태로 입학하여 서서히 무너지고, 고2 가면 포기하게 되는 수순을 밟습니다. 사는 길은 지금 고1이지만, 중3 공부가 안된 경우 중3 공부를 해야 합니다. 중3 교과서를 혼자서 짧은 기간 집중해서 끝내는 겁니다. 중3 교과서도 어렵다면 중2 교과서로 가는 길이 맞는 길입니다. 계속 고1 수학을 과외나 학원으로 해결하려고 하면 아이는 결국 포기하게 됩니다. 불행하게도 대한민국 고2들이 대부분 이런 상황으로 진행되었기에 수학 시간이 잠자는 시간이 된 것입니다.

학교는 교육과정을 무시할 수가 없기에 진도에 급급합니다. 그러다 보니 아쉬움이 많죠? 대한민국이 입시경쟁에 내몰리다 보니 중3을 위한 중2 과정 학원이나 고1을 위한 중3 과정 학원은 없습니다. 공교육 정상화는 이 문제를 학교가 관심을 가지고 해결하는 것입니다. 이것을 학부모들이 요구하지 않습니다.

사실 수학은 혼자 하는 공부이기에 선행학습에 대한 개념을 분명히 하여야 합니다. 현 단계 수학이 어려우면 짧은 기간 집중해서 이전 단계 수학 공부를 끝내야지 현 단계 수학 문제에 매달려 문제만 수백 개 푼들 시간만 낭비가 됩니다. 많은 문제를 풀기보다는 개념과 원리가 터득된 후 연습문제를 몇 문제 푸는 것이 오히려 답입니다. 미리 배우지 않아서 수학을 못하거나 입시에 실패하는 게 아니고요. 현 단계 이전 수학이 덜 튼튼해서 힘든 것입니다. 이전 단계 수학에 관심을 가져야 합니다. 선행학습을 미리 해서 수학 공부를 잘 한 게 아니고 이전 학습이 잘 되어있어서 수학 공부를 잘하는 것입니다. 수학은 기초가 중요하다고 합니다. 기초가 무엇인가요? 이전 단계 학습을 말합니다. 수학 선행교육은 과잉경쟁과 욕심이 낳은 대한민국에만 있는 집단적 재앙입니다.

최희용 OO병원 의사(정일선 선생님의 글을 읽고)

제 개인적으로 수학을 좀 했다고도 할 수는 있지만, 지금 수학은 상당히 기형적인 느낌이랍니다. 제 아들 고1 때 수학 성적은 그리 좋지 않았습니다. 왜 그럴까 보니 정일선 선생님의 글처럼 선행교육이 자리 잡고 있었습니다. 일선 고교는 상위 대학 %를 높이기 위해서 고1 들어가기도 전에 고1 반 배치 고사를 치르고, 성적에 따라서 심화반을 편성하여서 야간에 수학 심화 학습 교재로 공부를 더 시키는 상황이더군요. 아들은 심화반에 들지 못했지요. 문제는 아이에게 드는 좌절감이었습니다. 배우지도 않는 문제를 척척 풀어내는 친구들을 보면서, 아들은 노력한다고는 하는데 능력이 안 되는 것을 도울 수 있는 방법이 없었어요. 그때에 제가 해줄 수 있었던 것은 꾸준히 하는 것을 포기하지 말기를 주문할 수밖에 없다는 것이었습니다.

제가 보기에는 수학 선행교육보다는 수학의 중학과정, 고등학교 과정, 그리고 대학 수학 과정에 이르는 길을 알고서 공부하는 것을 알고 있었으면 하였습니다.

최근에 아인슈타인의 상대성이론 공식을 이해하는 데에 고등학교 수학부터 다시 해야 한다는 책을 읽은 적이 있습니다. 거기에 보면 고등학교 수학이 어떻게 상대성이론에 접목이 되는지를 직접 강의한 것을 책으로 만들었더군요. 그것을 보면서 직접 수식을 배우는 것이 아니라 어떻게 중학교, 고등학교, 대학교로 수학 과정이 연결되는지, 그리고 지금 현재 학생들이 배우는 중인 지수함수 수업이 장차 어디로 연결되는지 어떻게 써먹을 수 있는지 알게 하는 수업이 필요하다는 생각을 갖게 되었습니다. 함수와 극한, 미분과 적분부터 다시 해야 한다는 것 말입니다. 문제는 이런 수학적 이해가 생활이나 전공에 얼마나 적용할 수 있는지 접근을 필요로 한다는 생각입니다.

최근에 저는 집합과 원소라는 개념을 자주 생각하곤 합니다. 제가 아는 지식이 어느 범주에 들어가는지 알아야 가닥을 잡을 수 있다는 생각을 하면서 이것은 중학교 1년 수학이라는 묘한 느낌을 받았습니다. 배울 당시는 '왜 이 집합과 원소가 필요할까?' 라는 의문이 있었는데 지금은 '이거야말로 진짜로 필요하다.' 는 생각을 이제야 다시 깨닫습니다.

긍휼의 안경과 판단의 안경

2018년

"찬송하리로다 그는 우리 주 예수 그리스도의 하나
님이시요 자비의 아버지시요 모든 위로의 하나님이
시며 우리의 모든 환난 중에서 우리를 위로하사 우리
로 하여금 하나님께 받는 위로로써 모든 환난 중에
있는 자들을 능히 위로하게 하시는 이시로다" (고린
도후서 1:3-4)

여러분 위로를 받고 계시나요? 하나님이 우리를 위로하고 계시나
요? 하나님께 받은 위로를 가지고 다른 사람을 능히 위로하고 있으
시나요? 위로가 없는 시대에 하나님의 위로를 누려봅시다.

나를 판단하고 나를 변화시키기 위해 나를 힘들게 하는 것보다는 나를 긍휼히 여기고 나를 이해하고 공감하고 어루만져 주는 힘이 더 우선입니다. 판단을 통해 사람이 변하는 것이 아니라 긍휼히 여길 때 사람이 변합니다. 하나님은 우리를 자녀로 삼으실 때 판단이 아니라 긍휼함으로 구원을 주셨습니다. 긍휼이 먼저이고, 판단은 나중입니다. 하나님의 긍휼이 나를 용서하신 것이고, 그 은혜로 말미암아 우리가 하나님의 판단 기준에 따르는 것입니다. 나를 불쌍히 여기는 마음이 긍휼함을 얻는 것이지 나의 의를 드러내며 하나님의 판단 앞에 서려고 하면 어리석은 것입니다.

내 안에 낙심하며 불안해하는 내가 모르는 내가 존재합니다. 없는 것처럼 보이지 않는 내가 있습니다. 때로는 화가 나기도 하고 때로는 우울하기도 하고 마냥 우쭐하기도 하고 어쩔 줄 몰라 불안해하고 긴장하기도 하고 남에게 짜증 내고 남을 무시하기도 하고 무심하기도 합니다. 내가 원하는 것인지 아닌지 내가 통제하기 힘든, 나도 나를 모르는 내가 내 안에 있습니다. 내가 아닌 것 같은 내가 문제의 원인인 경우가 많습니다. 그러나 우리는 원하든 원하지 않든 익숙한 내 감정이나 숙달된 말투와 감정으로 실수도 하고 남에게 상처를 주며 자신도 이게 아닌데 하면서 힘들어합니다. 감정만이 아니라 우리가 어떤 사물을 볼 때나 행동할 때도 나도 모르게 기억하지 못하고 나도 모르는 행동을 합니다.

프랑스에 메릴린 퐁티라는 철학자가 있습니다. 그는 '존재 그 자체가 폭력'이라고 했습니다. 모든 존재가 서로에게 폭력이라는 것이

지요. 우리는 서로 가까운 사람일수록 오히려 상처가 되는 삶을 살죠. 가족이 웬수입니다. 제가 여기에 이렇게 말하고 있는 것이 여러분에게는 폭력일 수 있다는 겁니다. 아마 이것은 우리의 실존이 하나님 앞에서 죄인이라는 것과 같은 말 같습니다. 모든 것이 폭력이라면 어쩌란 말일까요? 메릴린 퐁티의 답은 무엇일까요? 여러분의 답은 무엇인가요? 답은 폭력을 최소화하는 것입니다. 폭력의 최소화가 답이라고 퐁티는 말합니다. 나도 모르는 나에 대해서 나는 어떻게 해야 할까요? 답은 나를 긍휼히 여기는 것입니다. 판단하지 말라는 것입니다. 다른 사람을 판단하는 것은 폭력을 극대화하여 공격하며 상처를 줍니다. 긍휼은 폭력을 최소화하는 길입니다. 나를 판단하지 말고 긍휼히 여겨야 합니다. 내가 나를 판단하며 힘들어할 때 심각한 문제가 생기는 것 같습니다.

우리의 느낌이나 감정은 옳고 그름이 없습니다. 내가 느낀 것 또는 상대가 느껴지는 것은 일어난 사실, 이미 느껴진 팩트일 뿐이지 그것이 옳고 그르냐를 따질 수 없습니다. 화가 났어요. 화가 난 사실이 중요한 것이지, 여기서 화가 난 것이 옳은지 그른지 선악을 따질 문제가 아닙니다. 그런데 우리는 여기서 선악을 따지며 서로에게 상처를 줍니다. 내 안에 낙심하고 불안해하는 나를 먼저 안아주고 어루만질 때 함께 평안하며 하나님을 찬양하게 됩니다.

하나님의 형상으로 창조된 인간이 타락하여 바뀌게 된 죄악성이 무엇인가 하니, 그것은 선악을 알게 된 것입니다. 우리의 죄악성은 바로 남을 판단하는 마음으로 나타납니다.

나의 느낌을 잘 이해하고 공감해야 다른 사람의 느낌도 알아차릴 수 있습니다. 하지만 우리의 죄악된 본성은 먼저 다른 사람의 생각이나 행동을 먼저 변화시키려 합니다. 절대 변하지 않습니다. 먼저 이해하고 공감이 되어야 변화 가능성이 높아집니다.

부활하신 주님이 약속하신 성령님은 위로자, 치유자, 상담자이십니다. 옆에서 도와주시는 보혜사 카운셀러입니다. 성령님은 진리를 깨닫게 하시고 진리에 순종하게 하시지만, 이러한 변화의 역사는 치유를 통해 변화가 일어납니다. 먼저 긍휼히 여겨주시고 용서와 치유가 있었기에 진리를 받아들이게 됩니다. 우리 하나님은 위로의 하나님이십니다. 먼저 위로가 있어야 변화의 힘이 생기지요. 주님은 우리의 연약한 감정과 불안, 낙심마저도 사랑하시며 위로하십니다.

말씀과 성령의 능력으로 긍휼의 하나님을 인격적으로 만나 나를 긍휼히 여기시는 하나님으로부터 오는 위로를 얻을 때 평안이 있습니다. 내가 모르는 나의 느낌과 행동이 어루만져지면서 내 안에 평안이 자리를 잡습니다. 그때 진리가 내 안에서 나를 자유롭게 하는 것입니다. 내 욕구가 충족되어 평안해지는 것이 아니고요.

나도 힘들지만, 능히 남을 힘 있게 하시는 하나님을 찬양하자는 말입니다. 때론 내 안에 내가 도무지 용서할 수 없는 내 모습이 있습니다. 이런 부분이 해결되지 않으면 그 누구도 용서할 수 없고, 하나님마저도 원망스럽게 됩니다. 내 안에 숨어 숨 쉬는 나, 생존과 감정에 민감한 나를 긍휼히 바라보고 그 나를 먼저 용서하고 지속적으로 이 용서를 체험할 때에 비로소 어떤 사람이라도 용서할 수 있게 됩니다.

> "평안을 너희에게 끼치노니 곧 나의 평안을 너희에게 주노라 내가 너희에게 주는 것은 세상이 주는 것과 같지 아니하니라 너희는 마음에 근심하지도 말고 두려워하지도 말라 이 주님의 평안 근심 없고 두려움 없는"(요한복음 14:27)

십자가 앞에서 고뇌하며 기도하는 주님이 누리는 평안입니다. 쌓이는 데 쌓이지 않는 눈처럼, 100% 녹아지는 상태의 평안, 아픔과 고통이 쌓이는 쪽을 바라보지 말고 녹는 쪽을 바라보아야 합니다. 고난과 고통을 주는 사람이나 사건 쪽을 보지 말고 위로와 치유의 하나님의 능력을 바라보아야 합니다. 하나님의 약속에 초점을 맞추어야지 약속이 이루어지는 과정에 초점을 맞추면 안 됩니다. 하나님은 약속만 해 주시지 약속의 과정에 대해서는 아무 말씀이 없으십니다. 내 눈에 보이는 사람이나 사건은 허상입니다. 바라는 것들의 실상, 보이지 않는 것들의 증거가 말씀에서 약속하신 약속 그 자체를 바라보는 것입니다. 아브라함도 시험 앞에서 내 눈에 보이는 이삭보다는 하나님의 약속 그 자체를 중시합니다. 꿈을 꾼 요셉의 현실도 보이는 것은 다 허상이었고 바라는 것들의 실상은 하나님의 약속이었습니다. 모세도, 다윗도, 내가 어디에서 무엇을 하든지 그 자리에서 보이는 모든 고난보다는 이루어질 하나님 나라에 대한 약속의 증거와 실상을 바라볼 때 우리는 위로와 평안을 누리는 것입니다. 어떤 상황에서도.

I love you! 사랑합니다. you! 그 사람 그 자체를 사랑할 수는 없습니다. 인간의 사랑은 너 그 자체보다는 너의 무언가를 사랑하는 것입니다. I love yours. 네가 가진 그 무엇인가를. 그 말은 너 자신을 사랑한 적이 없다는 뜻이지요. 사람에게는 사랑이 없습니다. 사람에게 사랑을 구하는 것이 아닙니다. 사랑하기 때문에 결혼하는 것이 아니라 사랑하기 위해서 결혼하는 것입니다.

너 자신을 사랑할 수 있는 유일한 분은 하나님 한 분뿐입니다. 사랑이란 영원히 함께 하는 것이기 때문입니다. 어제나 오늘이나 영원토록 함께 하시는 분 그분이 사랑이시며, 우리의 위로자가 되시는 것입니다. 그래서 성경은 말합니다. I love you In the Lord! 아멘. 이 말은 첫째, 사람에게는, 내 안에 사랑이 없다. 둘째, 하나님에게만 사랑이 있다. 셋째, 내가 주님의 사랑을 누리는 만큼 그 사랑으로 당신을 사랑하기를 원합니다. I love you In the Lord. 사람은 사랑을 얻을 수 있는 대상이 아니고, 주님의 사랑을 경험하고 나누어주는 대상입니다.

> "사랑은 여기 있으니 우리가 하나님을 사랑한 것이
> 아니요 하나님이 우리를 사랑하사 우리 죄를 속하기
> 위하여 화목 제물로 그 아들을 보내셨음이라 사랑
> 하는 자들아 하나님이 이같이 사랑하셨은즉 우리도

서로 사랑하는 것이 마땅하도다" (요한일서 4:10-11)

사람 속에는 사랑이 없습니다. 나 자신을 보면 압니다. 폭포수 아래 웅덩이가 사랑입니다. 사랑은 폭포수처럼 위에서만 내려오고 옆으로 흘러가는 것입니다. 사랑받을 것을 기대하지도 마세요. 그러면 상처가 없습니다. 너도 잘 모르는 너의 모습이 나에게 상처를 준 것일 뿐. 어떤 문제에 대해서 타인과 그 상황과 직접 상대하려 하지 않고 하나님을 만나야 합니다. 윗선과 해결하면 모든 것이 해결됩니다. 타인과 환경을 주관하시는 하나님과 화해를 하고 나면, 나에게 고통을 주는 타인과 환경으로부터 완전히 자유로울 수 있습니다. 그 하나님의 긍휼을 우리는 예수 그리스도의 십자가 사랑에서 만나게 됩니다.

회복적 정의란 무엇일까요? '세상을 보는 눈, 삶의 방식, 관계 설정의 성경적 관점'입니다. 지금까지 우리가 공평하다고 생각하고 정의롭다고 생각한 것은 전부 거기 나오는 응보적, 율법적 정의입니다. 즉 판단의 안경으로 본 것입니다. 판단의 안경은 정의를 실현하는 데 한계가 있습니다. 회복적 정의는 타인의 잘못을 긍휼의 안경으로 보면서 화해의 길, 회복의 길을 만들어가는 삶의 방식이 참된 정의이고 복음이라는 것이지요.

비폭력 대화란 무엇일까요? '일상에서 쓰는 평화의 언어, 삶의 언어에 대한 성경적 관점'입니다. 내 느낌과 필요를 알아채고 자기표현을 분명하게 하는 것입니다. 다른 사람의 느낌과 필요를 알아듣고 알아주는 공감적 표현을 비폭력 대화라고 합니다. 판단의 안경으로는 느낌과 필요를 알아채기 어렵습니다. 긍휼의 안경으로 감정과 욕구를 알아주는 연습을 한 번씩 해 보겠습니다.

간단합니다.

"지금 느낌이 어떠세요?", "기분이 어때?"

자기 느낀 대로 대답하면 됩니다.

"뭐가 필요해?", "뭘 원하는데요?"

원하는 대로 대답해 보세요.

쉽지 않죠? 어색하죠? 그만큼 우리는 다른 사람의 감정이나 욕구를 판단하려고만 하지, 긍휼하게 알아주고 인정하며 어루만져 주는 것에 익숙하지 못한 겁니다. 우리는 분노마저도 온전하게 표현하는 성숙한 사람이 될 수 있습니다.

기독 청장년 운동에 소망이 있다

'그리스도와 교회를 위하여!'

기독청장년면려회의 시작이 된 미국 포틀랜드 웰링스톤교회 클라크(Clark) 목사님의 모토입니다. '그리스도와 교회를 위하여 무엇을 할 것인가?' 우리 기독 청장년들이 이 땅에 살아가면서 매 순간 평생토록 힘써야 할 과제를 묻고 있습니다. 이에 응답하며 사는 것이 우리의 삶입니다. 세상을 향한 우리의 삶이 어떠해야 할까요?

먼저 내 삶이 그리스도 안에 있는 믿음의 식구들을 섬기는 사역을 잘 감당할 때, 그것이 하나님을 기쁘시게 하는 일이요, 행복을 누리며 사는 길입니다. 내가 하나님 나라에 가지고 가는 것은 바로 그리스도 안에서 믿음의 식구들과 나누었던 내 성품입니다. 나의 직업적 성공이나 부의 축복 또는 육체적 강건함은 하나님 나라에 가지고 갈 수 없습니다. 이런 것은 이 세상에서 잠시 동안 내게 맡겨져 잠시 내가 누리고 마는 일시적인 것입니다. 다만, 영원한 것은 믿음의 식구들을 눈물로 섬겼던 나의 그 헌신이 남는 것입니다. 언제든지, 누구에게나, 작은 일에도, 할 수 있는 일이면 무슨 일이나, 끝까지, 묵묵히 그리고 지금 내 모습 이대로 공동체를 섬기는 사역이야말로 그리스도와 교회를 위하여 기독 청장년 운동이 해야 할 일입니다.

또한 이 땅에 믿지 않는 사람들을 그리스도에게로 인도하는 사명을 잘 감당할 때, 그것이 하나님께 영광이 되는 일이요, 영생을 잘 준비하는 삶입니다. 복음 제시에 탁월한 사람, 다시 말해 전도를 잘하는 사람이 부럽습니다. 솔직히 개인적으로 가장 못하는 것이었고, 그래서 소홀했던 것입니다. 그러나 이 일은 하나님이 나를 부르신 목적이요, 하나님의 최대 관심사입니다. 한 영혼이 하나님께 나아오는 것은 하나님이 가장 기뻐하시는 일이요, 이 일을 위해 예수 그리스도께서 십자가에서 피 흘려 죽으셨고, 이 일을 위해 우리를 태어나게 하시고 구원해 주신 것입니다. 하나님의 최대 관심사에 내 삶의 초점이 맞추어져야 합니다. 우리가 균형 잡힌 그리스도인으로 살기 위해서는 가장 절실한 것이요, 내가 이 땅에서 하고 있는 일 중에 하나님 나라에서도 영원히 남는 것은 바로 복음을 증거하여 믿음이 없는 사람을 하나님께로 인도한 일, 바로 이것뿐입니다.

이러한 거룩한 삶을 살기 위해서는 반드시 개인적으로 공동체적으로 성장과 교제가 필요합니다.

성장! 예수 그리스도를 닮아가는 삶입니다. 자기 절제와 수도 생활을 의미하는 것이 결코 아닙니다. 예수 그리스도에게 자신을 맡기고 그분을 본받으며 그분에게 순종하는 인격입니다. 예수 그리스도를 닮아 가는 것, 이 또한 하나님이 우리를 부르신 목적입니다. 성장이 있을 때에 섬김과 사명을 감당하는 힘이 비로소 생기는 법입니다. 우리가 예수 그리스도의 인격으로 성장하는 것, 그 자체가 하나님에게는 기쁨이 됩니다. 말씀 진리에 이끌리어 우리의 인격이 늘 새롭게 변화되어 가는 삶을 살아갈 때에 우리는 능력 있게 공동체를 섬기며, 내 삶의 증거를 남에게 전하는 사명도 감당할 수 있게 되는 것입니다.

교제! 삶을 함께 나누는 것입니다. 일을 함께 하는 것이 아닙니다. 교회는 일하는 곳이 아닙니다. 일에 헌신하는 곳이 아닙니다. 일에 동참하고 일이 잘 되도록 하는 것이 헌신이 아닙니다. 서로를 알고 서로에게 헌신하는 것이 교제입니다. 진정한 교제와 관계의 회복을 누리는 곳이 교회입니다. 하나님과의 관계를 회복하고 그 관계를 잘 유지하며 사는 것, 그리고 믿음의 식구들과 하나 됨을 잘 누리며 힘써 지키는 삶이 교제이며, 이것이 공동체의 회복이요, 교회의 부흥이라고 할 수 있습니다.

기독 청장년 운동이 이 시대 가운데 존재하는 목적이요, 이 시대의 소망이 되는 이유는 바로 이러한 일에 힘쓰기 때문입니다. 그리스도와 교회를 위하여, 그리스도를 닮아가며 서로 하나가 되어, 섬김의 사역과 복음 증거의 사명에 힘써, 하나님께 기쁨이 되어 드리는 기독 청장년 운동이, 우리를 부르신 하나님의 목적입니다. 이 목적에 이끌리어 청장년 시절을 살아가는 이들에게 하나님이 함께 하시며 축복하시길 두 손 모아 기도합니다.

교육, 그 원형을 찾아 나선다
2005년

사랑합니다! 축복합니다! God be with you! God bless you! 그리스도인의 일상생활이 자신의 신앙과 독립될 수 없는 것이라면, 그리스도인의 성장과 그 삶의 과정을 교육적으로 해석해 보는 인식의 틀이 요구됩니다.

이 땅에서 우리 그리스도인의 일상생활이 하나님 나라에서 어떤 의미가 있을까요?

사람은 누구나 자기 삶을 이끌어 가고 사회생활을 해 나갈 때, 삶의 기본 전제가 되는 나름대로의 원칙들, 또는 이념들을 가지고 살아갑니다. 어떤 사람이 어떤 행동을 하면 거기에는 반드시 자기의 가치관이 개입되게 마련입니다. 이 가치관으로 자신의 삶을 선택하고, 이 선택은 삶을 바라보는 방식에 따라 달라집니다. 어떤 사람이 이 세상을 어떻게 보느냐에 따라 시간을 보내는 것, 돈을 쓰는 것, 사람을 대하는 태도 등이 달라집니다. 세계관이란 '한 사람이 갖고 있는 사물에 대한 근본적인 신념들의 포괄적인 틀'이라고 정의되고 있습니다.

우리의 일상생활은 우리가 살고 있는 이 시대의 지배적인 세계관에 기초하여 영위됩니다. 인간과 사회 그리고 이 우주 만물을 왜곡되게 바라보는 세계관을 바탕으로 살아가는 인간 중심적 삶은 분명히 인간을 잘못된 방향으로 이끌고 사회를 구조적 모순의 악순환 속에 빠지게 합니다. 그뿐만 아니라 자연을 잘못 지배하고 잘못 활용함으로써 생태계 파괴와 환경오염을 일으킵니다.

성경은 왜곡된 세계관을 버리고 모든 사람이 성경에서 가르치는 세계관에 순종하며 살 것을 분명하게 요구합니다. 그뿐만 아니라 이 세상의 가치와 사상을 그리스도께 복종시키는 삶을 살아야 합니다. 모든 이론을 파하며 하나님 아는 것을 대적하여 높아진 것을 다 파하고 모든 생각을 사로잡아 그리스도에게 복종케 합니다.

성경은 인간의 본질과 사회의 문화를 바르게 바라보고, 우리의 일상적인 문제에서 우리 시대의 모든 현상과 문화 전체에 이르기까지 성경적인 진리를 적용하는 힘을 갖게 합니다. 왜냐하면 성경은 사소한 일상의 삶에서부터 이 시대의 모든 역사와 온 우주의 운행과도 관련되기 때문입니다. 하나님은 만군의 하나님이시며, 전 우주적인 주권자입니다.

그러면 성경은 이 세상을 어떻게 보고 있으며, 그 안에서 내 인생은 어떤 위치에 있는 걸까요? '창조-타락-회복'의 구속 역사적 관점으로 세상을 보는 것이 성경적 세계관입니다.

창조

성경은 '태초에 하나님이 천지를 창조하시니라'는 선언에서 시작됩니다. 성경적 세계관은 이 세상이 하나님의 창조에 의해 시작되었다고 가르칩니다. 하나님에 의해 창조된 세계를 인식하는 것이 올바른 세계관의 출발점입니다. 하나님이 우주 만물과 인간을 창조하시고 그것을 다스리는 자연의 법칙과 인간 사회의 규범을 만드셨으며, 지금도 만물을 그 능력의 말씀으로 붙들고 계시며, 하나님의 섭리 가운데로 이끌어 가고 있습니다. 하나님이 지으신 세계는 하나님 보시기에 선했으며, 하나님의 무한하신 지혜를 증거하고 창조주 하나님의 영광을 드러내고 있습니다.

타락

하나님께서는 하나님이 창조하신 세계 안에 하나님의 형상대로 인간을 창조하시고 문화명령을 주셔서, 우리로 하여금 전 세계에 대한 하나님의 통치권을 드러내며 살도록 하였습니다. 이것이 인간의 삶의 목적이고 하나님이 주신 축복이며 우리의 사명입니다. 그러나 인간은 하나님께 순종하는 것(선)을 거부하고, 자신이 주인으로 자처하며 자기를 중심으로 세상을 바라보는 자기중심성(죄)에 빠지게 됩니다. 이러한 인간의 타락이 모든 관계의 훼손을 가져옵니다. 하나님을 떠난 인간의 죄는 하나님과의 관계가 파괴되는 것을 의미하며, 그로 인해 자연계의 타락은 물론 인간 사회의 모든 영역을 왜곡시키며, 사탄의 영향력 속에 허덕이게 만듭니다. 우리의 죄악된 본성은 물론 오늘날 사회의 모든 분야와 활동 속에 존재하는 구조적인 악과 부조리의 근본 원인이 바로 하나님의 형상을 상실한 인간의 타락 때문이라는 것을 성경의 눈으로 보면 금방 알게 됩니다. 우리의 가정에 도사리고 있는 불행, 정치 경제적 대립과 모순, 인류 역사에 끊이지 않는 갈등과 혼란, 환경의 오염 등, 이 모든 것이 다 타락 이후 하나님의 창조 목적에 벗어난 삶의 결과라고 할 수 있습니다.

회복

인간의 죄로 말미암아 모든 피조물이 사탄의 영향력 속에서 왜곡되고 파괴되었으며, 이로 인한 하나님의 진노는 현재도 임하여 있고, 장차에도 임할 것이기에, 죄의 결과는 곧 멸망에 이르게 되는 것입니다. 그러면 어떻게 해야 합니까? 다행히 인간의 타락 이후에도 하나님은 여전히 만물을 붙들고 계시며, 피조 세계 내에서 섭리하고 계십니다. 그리고 택하신 자들을 통해 하나님 나라를 회복하는 구속 역사의 경륜을 우리에게 계시해 주십니다. 이러한 회복은 결국 그리스도의 십자가와 부활을 믿는 신앙으로 말미암은 구원이 성령의 도우심으로 우리에게까지 적용되었습니다. 그리하여 우리는 새롭게 하나님과 관계가 회복되어 하나님의 뜻을 알고 그에 순종하는 삶이 가능해진 것입니다. 그리고 이러한 순종이 세상을 변화시키며, 그 완성이 바로 그리스도가 다시 오심으로 이루어지는 하나님 나라입니다.

따라서 성경적으로 세상 보기(성경적인 세계관)의 핵심은 예수 그리스도의 구속을 통한 하나님 나라의 회복입니다. 즉 기독교 세계관은 '창조-타락-회복' 의 관점에서 세상을 바라보는 것을 의미합니다. 이러한 관점에서 회개와 성화의 삶으로 신앙양심을 지키고 신앙 인격을 갖추어 가며 항상 하나님 나라의 소망 가운데 살아야 합니다.

하나님의 구속 경륜으로 내 인생을 바라보는 것이 성경적 인생관입니다.

부패하고 타락한 사회적 구조의 모순이 하나님을 거부한 인간의 자기중심성(죄악성)에서 비롯된 것임을 인정하고, 죄악된 자기를 부인하고 그리스도의 십자가 아래서 자기 시대의 죄악을 나의 죄로 여기고 회개하며, 우리가 져야 할 이 시대의 십자가를 겸손히 지고 가는 결단이 오늘날 모든 그리스도인들에게 절실히 요청되고 있습니다.

이제 더 이상 세상에 찌들려 꾀죄죄하게 사는 나약한 크리스천으로 살지 맙시다. 우리가 사는 이 세상이 왜 이 모양인지를 이제 '창조-타락-회복' 의 관점에서 바라보는 기독교 세계관을 가져야 할 때입니다. 하나님의 구속 역사 가운데 쓰임 받는 하나님의 백성으로 담대하게 세상을 변화시키는 사명인으로 부름받았음을 새롭게 해야 합니다. 왜곡된 나의 삶, 부조리한 사회구조를 바로잡는 성경적 대안을 찾아 나를 온전하게 성숙시키고 세상을 변화시키는 적극적인 그리스도인이 됩시다. 세상의 세속적 가치관에 마음을 빼앗기고 안타까워하는 삶이 아니라, 이제는 세상에 선한 영향력을 미치며 세상을 하나님의 통치 아래 있게 하는 사명을 불태우는 삶을 살아야 합니다. 이렇게 되었을 때 우리는 하나님의 문화명령을 이 땅에서 수행하며, 세상을 향해 적극적인 빛과 소금의 영향력으로 날마다 승리하는 삶을 살 것입니다. 그리하여 그리스도가 다시 오시는 그날까지 하나님 나라를 이루어 가는 하나님의 백성 다운 삶을 살아가게 되는 것입니다.

그리스도인의 삶과 교육

모르면 알려고 하고 아는 것이 있으면 가르쳐 주려고 하는 본능적 욕구를 가진 존재가 인간이며, 이러한 잠재적 욕구를 충족해 가는 과정이 바로 교육이고, 이 교육을 통해 인간은 최적의 감흥적 체험을 맛보며 인간다운 삶을 누리게 됩니다. 교육적 존재로서의 인간에 대한 설명이 없이 인간의 삶을 이해한다는 것은 불가능합니다. 그동안 이런 면을 소홀히 해왔던 것이 사실이지만, 이제는 인간의 삶을 교육적 관점에서 새롭게 볼 수 있는 어떤 구조를 마련한다면 그만큼 우리는 인간의 본질에 더 가까이 나아가는 것이 됩니다.

그러면 이러한 교육적 본성의 근원은 어디로부터 온 것일까요? 그것은 하나님의 창조에 의해 인간에게 주어진 하나님의 형상에서 찾아볼 수 있습니다. 성경은 인간의 본성 가운데 잠재된 하나님의 형상, 그 형상의 타락으로 인한 왜곡과 죄악들, 그리고 이를 회복하시는 하나님의 경륜으로 가득합니다. 하나님의 형상을 회복하는 과정, 회복된 형상이 성숙되어 가는 과정, 그리고 그 사명을 감당하고 준비되고 그 뜻을 이루어 가는 과정, 그 자체가 교육적 체험입니다.

인간은 교육적 본성을 가진 존재로 창조되었고, 이 교육적 본성을 실현함으로 창조주의 영광을 깨달아 알게 되고 그 뜻에 순종하여 창조적이고 가치 있는, 그리고 그야말로 인간다운 삶을 살아가는 것입니다.

교육이란 지극히 상식 수준에서 이야기를 한다면, 배우고 가르치는 과정입니다. 무언가를 알고자 하는 사람이 배우는 것이요, 자기가 알고 있는 것을 남에게 가르쳐 주려는 인간의 기본적인 욕구에서부터 출발합니다. 즉 모르면 배우려 하고, 알면 가르쳐 주고 싶은 심정, 이것 때문에 교육은 시작하는 것입니다.

본질적인 이야기로 돌아가서 생각해 보면, 우리는 우리 아이들이 학교다운 학교에서 교육다운 교육을 받게 하고 싶습니다. 하나님께서 허락해 주신 교육적 본성을 잘 발휘하여, 그러한 교육 활동이 이루어지는 학교 공동체에서 하나님이 주시는 기쁨과 즐거움을 누리도록 할 수는 없을까요? 이런 소박한 생각에서부터 이야기를 풀어야만 할 것 같습니다. 이러한 본성은 하나님이 창조하신 피조 세계의 질서와 법칙을 발견하고, 그 경이로운 체험을 통해 하나님을 알고 섬기는 기쁨을 누리게 하시려고 하나님이 특별히 허락하신 본성이라 할 수 있습니다. 이러한 본성이 있기에 교육이 가능한 것입니다.

그동안 교육은 어떤 인간을 만들기 위한 수단적 기능만 강조되어 왔었는데, 교육 활동 그 자체에 가치를 두는 데 우리의 관심을 집중할 필요가 있습니다. 교육의 목적이 무엇인가를 생각하기 전에 교육 그 자체가 인간에게 어떤 기쁨과 즐거움을 가져다주는지에 대해서 관심을 전환시켜 봅시다. 즉 교육이 이 사회에 어떤 기능을 해야 하는가보다는 인간이 교육이라는 삶을 어떻게 누리며 사는지에 주목을 해야 합니다. 아이들이 점수를 몇 점 맞았는가, 내가 가르친 반의 평균이 몇 점인가보다는, 교사와 학생이 함께 공부함으로 그 활동 속에서 얼마나 큰 감흥을 맛보았는가에 관심을 돌려보자는 것입니다. 좀 더 기독교적인 냄새가 나게 표현한다면, 아이들이 자신의 지적 수준에서, 하나님이 세우신 창조 질서와 삶의 법칙을 찾아내게 하고 찾아가는 과정 속에서 교사와 학생이 함께 맛보는 지적 희열로 이끌어 내는 것이 바로 교육이라 할 수 있습니다.

성서교육의 의미

성서교육은 무엇보다도 인간의 교육적 본성에 기초를 두고 그러한 본성을 창조하신 하나님을 근본으로 하는 교육입니다. 따라서 하나님이 창조하신 세계의 질서와 법칙들을 발견하고, 그것을 남에게 설득하는 과정 속에서 배우는 자와 가르치는 자가 하나님의 존재와 그 능력을 체험하고 지적 감흥을 맛보는 것이 진정한 교육이라고 봅니다. 한걸음 더 나아가 창조세계와 인간의 삶에 대한 사명을 깨닫고 그 사명을 구체적으로 감당할 수 있기까지 돕는 것이 교육이라 할 수 있습니다. 이러한 교육이 과연 가능할까요? 그 가능성은 차후에 생각하더라도 이러한 본질에서 벗어난 상태에서 궤도를 수정해야 한다는 당위성은 분명합니다.

이러한 교육적 관점으로 인간의 생활세계가 성장, 발전하는 과정을 설명해 보면 우리는 훨씬 삶의 진정한 모습에 접근할 수 있습니다. 한 개인에 대한 하나님의 구속 계획이 실현되어가는 과정뿐 아니라 한 개인이 회심을 하고 신앙이 성숙되어가는 과정도 교육의 관점에서 설명될 수 있습니다. 교육은 선교 명령과 문화명령에 대한 인간 본성의 순종 행위입니다.

예수 그리스도의 복음이 베드로와 바울 그리고 사도들에게, 또한 초대교회에, 오늘날 우리에게까지 전파되는 구속 역사의 점진적 발전은 '누대에 걸친 교육'의 과정을 체험하는 가운데 이루어진 것이며, 앞으로 완성될 하나님 나라의 도래도 지금까지 설명한 새로운 교육의 과정을 통해 이해되고 체험할 수 있습니다.

교육, 그 부르심의 현장(인간의 삶과 소명)

본래 교육은 하나님이 인간에게 복 주시고 허락하신 문화명령을 잘 수행하도록 하여 하나님을 기쁘시게 하는 활동입니다. 인간이 하나님의 의도에 합당한 생활을 하고, 하나님의 창조 법칙에 의해 만물을 지배하며, 하나님 나라의 문화를 창조하고, 하나님이 창조하신 이 세계를 하나님의 경륜에 알맞게 유지하고 발전시키는데 교육은 굉장한 역할을 감당했어야 합니다. 하나님의 형상을 가진 인간은 하나님이 주신 능력으로 창조세계의 구조와 인간을 바르게 인식하고 하나님의 뜻에 합당한 방향으로 문화를 발전시키는 교육 활동이 가능하게 되었습니다. 그러나 아담의 타락은 인간의 눈을 어둡게 하여 자기중심적 사고의 틀로 세계의 구조를 잘못 해석하게 하여 만물의 질서를 파괴합니다. 교육의 내용과 방법들도 왜곡되어 잘못된 지식과 비인격적인 방법에 의해 교육 활동이 이루어지고 있습니다. 따라서 우리는 교육을 바로 세우고 하나님 중심의 문화를 창조하는 사명을 감당하기 위해 성경을 기초한 교과 내용의 분석과 선택과 교육 방법들을 연구 실천하고 성서적인 풍토를 이루기 위한 노력을 아끼지 말아야 합니다.

예수 그리스도의 십자가와 부활을 통한 구속 없이 우리의 꿈과 노력은 허상에 불과합니다. 따라서 올바른 교육을 통한 바른 문화를 발전시키기 위해서는 각 개인이 예수 그리스도의 복음을 받아들이도록 하는 구속적 의미의 교육 활동이 활발히 전개되어야만 합니다. 이는 그리스도 예수께서 믿는 자에게 부여하신 지상명령에 근거하고 있습니다. 진정한 교육은 분명히 사람들로 하여금 일시적인 이 세대뿐만 아니라 영원한 하나님 나라에서도 풍성한 삶을 살 수 있도록 준비시키는 교육이어야 합니다. 즉, 예수 그리스도를 통해 하나님을 알고 하나님의 절대 주권을 인정하며, 하나님 나라의 일꾼으로 문화 창조 명령을 수행하고 하나님 나라의 완성을 준비하도록 하는 것이어야 합니다. 이런 의미에서 우리의 교육 활동은 반드시 구속적인 사역이어야 할 뿐만 아니라 하나님의 명령을 수행하는 활동이어야 합니다. 그래서 반드시 성경이 그 기초이어야 합니다.

성서교육은 일용할 양식 소감 훈련, 그룹 성경공부, 일대일 성경공부, 개인묵상, 개인 성경연구 등의 활동을 통한 구속적 의미의 교육 활동뿐만 아니라. 자신의 전공지식을 성서적 기초 위에 새롭게 재구성하고 성경적인 학습방법에 의해 다양하고 유익하게 공부함을 통하여 품위를 높이며, 그러한 지식으로 복음적인 문화 활동을 전개해 나가는 것입니다. 개개인을 예수 그리스도에게 인도하는 노력만큼이나, 공부 활동 자체를, 일상생활 자체를 예수 그리스도에게 인도하여 복종시키는 일은 얼마나 귀하고 흥미진진한 일입니까? 한 사람이 그리스도에게 나아오는 것만큼 귀한 일도 없지만, 지식과 교육 그리고 문화 자체가 예수 그리스도의 편이 된다면 이 얼마나 대단한 감동일까요?

손길

모든 것에 뜻이 있다.
80년 5·18을 금남로에서 만났다.
그 날은 주일, 교회 청년들과 함께.

그 다음 주에는 교생실습을 나가는
사범대 4학년이었다. 교사가 되었다.

내뱉을 곳이 없었다.
교회라는 울타리 안에서
90년대를 살았다.

교실이라는 울타리 안에서
2000년대를 살았다.

그리고 다시
아직도 그대로인 나를 만난다.
여전히 그 손길은 나를 이끈다.
아, 그분의 손길.